홍춘욱의
최소한의 경제
토픽

일러두기

1. 이 책은 국립국어원 표준국어대사전의 표기법을 따랐으나, 일부 용어의 경우 통상의 발음을 따른 경우가 있다.
2. 이 책에서 언급한 최신 경제 관련 수치는 2024년 6월 기준까지 반영되어 있다. 가장 최신의 수치는 저자가 참고한 웹페이지를 참고하기 바란다.
3. 이 책에서 언급한 원/달러 환율은 1,400원으로 적용했다.

ECONOMIC TOPICS

달라진 세계를 이해하는 21세기 경제사 수업

홍춘욱의 최소한의 경제 토픽

홍춘욱 지음

리더스북

과거의 상식으로 설명할 수 없는
대전환의 세계를 맞이하며

오랜 증권사 생활을 마치고 2021년 직접 투자자문사를 창업하고 많은 고객을 만났습니다. 어느 고객이 "연금 저축 보험에 10년 동안 불입해 번 돈을 이곳에 가입하고 보름 만에 벌었다"며 고마워할 때는 참 뿌듯했습니다. 그러나 사업을 하다 보면 좋은 일만 겪을 수는 없습니다. 2023년 가을, 미국 시장 금리가 5%까지 치솟을 때는 정말 힘들었습니다. 주식과 채권 가격이 함께 빠지는 상황에서는 아무리 다양한 자산에 분산투자 해도 마이너스 성과를 피할 수 없었기 때문입니다.

당시 주식과 채권 가격이 폭락한 이유는 2023년 10월 7일 이슬람 급진주의 무장 단체, 하마스가 이스라엘에 대규모 공격을 가하며 촉발된 이스라엘-하마스 전쟁 때문이었죠.[1] 2022년 러시아-우크라이나 전쟁의 충격이 채 가시기도 전에 새로운 전쟁이 시작될 것이라는 공포가 시장을 휩쓸었던 것입니다. 그러나 시장의 충격은 러시아-우크라이나 전쟁만큼 크지 않았습니다. 2024년 6월 말 기준으로, G20 국가 중에 무려 14개국의 주식 시장이 역사상 최고치를 경신할 정도의 강세를 보이니 말입니다.[2]

자산 시장이 반등에 성공한 이유는 미국이 전쟁의 확산을 바라지 않기 때문입니다. 약 1,400명에 달하는 인명 피해를 입은 이스라엘이 보복에 나선 것은 당연해 보입니다만, 하마스에 대한 이스라엘의 보복이 정당하다고 믿는 미국 사람들은 58%에 불과합니다.[3] 특히 민간인의 희생을 유발하는 이스라엘의 보복 공격이 수용 가능하다고 답한 사람은 38%에 그쳤습니다. 미국에서 유대인의 영향력이 매우 크다고만 배웠던 사람들에게는 천지개벽 같은 충격일 것입니다.

이런 변화가 나타난 가장 근본적인 원인은 이스라엘 인구구성의 변화 때문입니다. 이 책의 아홉 번째 토픽 '이스라엘은 왜 전쟁을 멈추지 못할까'에서 보다 자세히 이 이야기를 다루겠지만, 1948년 건국 초기 이스라엘과 지금의 이스라엘은 전혀 다른 나라라고 해도 과언이 아닙니다. 이른바 하레디Haredi라고 불리는 초정통파 유대인의 수가 점점 더 늘어나는 가운데, 의무와 권리를 둘러싼 갈등이 나날이 높아지고 있죠. 특히 이들은 건국 이후 군대에 징집되지 않았는데, 2024년 6월 30일 대법원이 "하레디도 군대 복무를 해야 한다"는 판결을 내리자 격렬하게 반발하고 있습니다.[4] 심지어 일부는 "군대에 가느니 죽겠다"고 반발하며 강력하게 저항하는 중입니다.

1973년 제4차 중동전쟁이 터지자마자 유학 중이던 학생들마저 군대에 입대하기 위해 귀국 길에 오를 정도로, 국가를 위해 살신성인해왔던 이스라엘 사람들에 대한 이미지가 실시간으로 무너지는 순간인 것 같습니다. 참고로 이스라엘 베냐민 네타냐후Benjamin Netanyahu 총리의 아들은 이스라엘-하마스 전쟁이 6개월을 지나고 있음에도 불구하고 미국의 휴양 도시 마이애미에서 평화로운 삶을 즐기고 있다고 합니다.[5] 이스라엘 내부의 분열과 갈등이 겉으로 드러남에 따라, 이스라엘을 바라보는 여러 국가의 시각이 점점 냉랭해지고 있습니다. 그 대표적인 사례는 미국의 대학생들이 대학 본부를 점거하고 반反이스라엘 시위에 나선 것입니다.[6]

이처럼 21세기 세계 경제는 과거의 상식으로 설명할 수 없는 일이 실시간으로 벌어지고 있습니다. 전통적인 동맹국 혹은 혈맹이라는 개념이 희석되는 한편 '신자유주의'라는 말은 구시대의 유물이 되어가고 있습니다. 따라서 20세기에 가지고 있던 지식으로는 21세기를 대응하기 어려울뿐더러, 우리는 새로운 변화에 적응해야 할 필요가 있습니다. 『홍춘욱의 최소한의 경제 토픽』을 집필한 이유가 바로 여기에 있죠.

그럼 언제부터 21세기의 새로운 패러다임이 생겼을까요? 여러 사건이 있지만, 2016년 브렉시트Brexit(EU 탈퇴)와 도널드 트럼프 Donald Trump의 미국 대통령 당선이 진정한 의미에서 21세기의 시작이라 생각합니다. 2008년 글로벌 금융 위기 이후 10년 가까이 저성장이 지속되는 가운데, 반이민과 반세계화를 주장하는 정치 세력이 의미 있는 변화를 이끌어냈기 때문이죠. 시장을 개방하고 경쟁을 촉진하며, 재정을 건전하게 유지하라는 신자유주의(혹은 워싱턴 컨센서스Washington Consensus)가 종말을 고한 순간이라 하겠습니다.

기존의 경제 및 정치 이념이 하루 아침에 사라진 것은 아닙니다. 그러나 적어도 2016년 이후에는 왕좌에서 내려오는 중이라고 볼 수 있습니다. 자유무역보다 블록화 혹은 관세장벽이 점점 높아지고, 자유로운 인구 이동 대신 커다란 방벽이 세워지며, 각국 재정은 점점 팽창하는 방향으로 움직이고 있기 때문입니다.

이 책에서는 21세기 새로운 패러다임을 형성하는 열네 가지 토픽을 다룹니다. 첫 번째 토픽 "미국 제조업 위기와 돌아온 '트럼프 열풍'"부터 여섯 번째 토픽 '영국의 EU탈퇴와 흩어지는 세계'까지는 21세기의 변화를 주도한 세력 혹은 국가에 대해 다룹니다. 각국이 20세기의 패러다임을 더 이상 좇지 않게 된 이유는 매우 다양합니다. 미국은 트럼프의 대통령 당선을 계기로 숨죽였던 반세계화주의 흐름이 가속화되었고, 영국은 10년 전에 발생한 로더럼Rotherham 사건이 브렉시트의 씨앗을 뿌렸습니다. 중국은 베이비붐 세대의 은퇴를 앞둔 조바심과 2008 베이징 올림픽 이후의 민족주의 붐이 문제가 되었습니다.

일곱 번째 토픽 '부활하는 일본과 아베노믹스Abenomics 재평가'부터 열 번째 토픽 '인플레에 빠진 브라질과 아르헨티나의 경제 실험'까지는 새로운 경제 흐름에 대한 각국의 대응을 다룹니다. 일본과 인도, 이스라엘, 브라질은 변화에 잘 대응한 나라와 그렇지 못한 나라의 대표격이 되겠습니다. 특히 일본의 변화는 대단히 놀랍습니다. 아베노믹스가 처음 시행될 때만 해도 일본을 바라보는 눈이 차가웠는데, 10여 년이 지나면서 이제는 G7 중에 미국 다음으로 미래가 밝은 나라가 되었으니 말입니다.

열한 번째 토픽 '고령화로 세계 노동시장의 구조 변화가 시작되다'부터 열네 번째 토픽 '저개발국의 구원투수가 될 인공지능AI의 경제학'은 메가mega 트렌드의 변화를 다룹니다. 반세계화와 반이민도 메가 트렌드임에 분명합니다. 다만 이 추세는 정치의 변화에 따라 지체를 겪을 가능성이 충분하죠. 그러나 노령화와 인공지능 혁명은 적어도 10년 이상 세계 경제의 흐름을 좌우할 것으로 보입니다. 특히 노령화는 중국 같은 신흥국과 유럽 등 선진국 경제에 극명한 차이를 불러올 가능성이 높습니다. 이미 소득 수준이 높고 자산이 축적된 나라에 노령화는 새로운 일자리의 출현이라는 측면이 더 강할 것이지만, 아직 가난한데 노령화가 시작된 중국 같은 나라는 정부 부채의 가파른 증가와 소비심리의 악화라는 대가를 치러야 할 것으로 보입니다.

총 열네 개의 토픽이 21세기의 새로운 패러다임을 이해하고 분석하는 데 큰 도움이 되었기를 바라는 마음이 간절합니다. 끝으로 다양한 소재를 제공해준 큰아들 채훈, 중학교에 들어갔음에도 불구하고 아빠와 운동을 같이하는 작은아들 우진, 책상에 오래 앉아 있을 때마다 커피를 내려주며 함께 스트레칭하자고 나서는 아내 이주연, 그리고 사랑으로 키워주신 어머님과 두 동생에게 이 책을 바칩니다.

2024년 7월
이코노미스트 홍춘욱

· 차례 ·

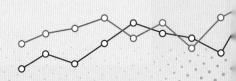

TOPIC 1

미국의 제조업 위기와
돌아온 '트럼프 열풍'

2024 미국 대선 🔍

트럼프 현상 🔍

펜타닐 중독 🔍

백인 중년 절망사 🔍

ECONOMIC NEWS

"中 멀리하고 美와 협력하라"… 美 철강관세 노림수는 '반중연합' 구축

《머니투데이》, 2018.03.20.

'I love Taiwan' 트럼프 대통령의 주목할만한 反中 행보… 대만에 패트리엇 기술 이전

《헤럴드경제》, 2018.06.18.

공격 재개한 트럼프… "3000억弗 中제품에 내달부터 10% 관세"

《한국경제》, 2019.08.02.

트럼프 '의회 폭동' 청문회에도 인기 상승… 갈수록 여론 호의적

《세계일보》, 2022.06.13.

反中으로 뭉친 美의회… 틱톡·펜타닐 등 '中청문회' 하루 5건

《조선일보》, 2023.03.24.

美 '좀비 마약' 펜타닐 급속 확산… 과다복용 사망 5년새 4배로

《매일신문》, 2023.05.04.

트럼프, 연방 기소에도 보수층 지지율 견고… '압도적 과반' 여전

《경향신문》, 2023.06.15.

지난 2015년 프린스턴 대학교의 경제학자 앤 케이스Anne case와 앵거스 디턴Angus Deaton이 발표한 한 편의 논문은 세계적인 관심을 끌었습니다.[1] 21세기에 접어들어 비非히스패닉계 백인 중년 남성은 심각한 건강 악화에 시달릴뿐더러 가파른 수명 감소를 겪고 있다는 사실을 밝혔기 때문입니다. 산업이 발전하며 선진국 대부분 40~50대 남성의 기대수명이 늘어나고 삶의 안정성이 높아지는 것과 대조적이죠.

비히스패닉계 백인 남성의 건강 문제에 대한 관심은 일시적인 현상으로 끝날 수도 있었습니다. 그러나 이들은 2016년 미국 대통령 선거에서 트럼프를 열렬히 지지한 것은 물론, 2020년 대선과 2024년 대선에서도 일관된 태도를 보임으로써 세계인의 이목

● 2024년 미국 대통령 선거 여론 조사 결과(4월 24일 기준)

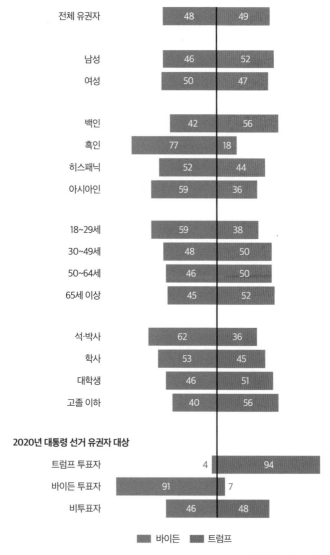

전체 유권자   48   49

남성   46   52
여성   50   47

백인   42   56
흑인   77   18
히스패닉   52   44
아시아인   59   36

18~29세   59   38
30~49세   48   50
50~64세   46   50
65세 이상   45   52

석·박사   62   36
학사   53   45
대학생   46   51
고졸 이하   40   56

2020년 대통령 선거 유권자 대상

트럼프 투표자   4   94
바이든 투표자   91   7
비투표자   46   48

■ 바이든   ■ 트럼프

출처: Pew Research Center.

을 집중시켰습니다.

2024년 미국 대선 여론 조사 결과를 살펴봅시다. 회색 막대는 민주당의 조 바이든Joe Biden 후보에 대한 지지를, 주황색 막대는 공화당 트럼프 후보에 대한 지지를 나타냅니다. 가장 위에서 밑으로 내려가보겠습니다. 제일 먼저 남성들은 46 대 52로 트럼프를 지지하네요. 다음 블록의 백인들도 과반수가 트럼프를 지지합니다. 반면 백인을 제외한 모든 인종과 민족은 과반수가 바이든을 지지하는 것을 확인할 수 있습니다. 연령은 건너뛰고 학벌을 보죠. 최종학력이 대학교 이상인 사람들은 과반수가 바이든을 지지하지만, 대학생 및 고졸 이하 사람들은 과반수가 트럼프를 지지합니다.

비히스패닉계 백인 중년 남성이 바이든보다 트럼프를 지지하는 것을 발견할 수 있습니다. 대체 왜 이런 현상이 나타났을까요? 이 의문을 풀어보겠습니다.

미국 백인 중년의 절망사

먼저 다음 그래프부터 이야기해보겠습니다. 가장 눈에 띄는 진한 주황색 실선이 미국 중년 백인 사망

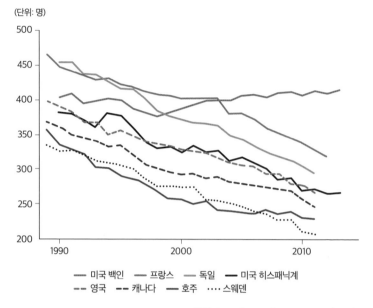

● 세계 주요국 45~54세 사망률 변화 추이(인구 10만 명당)

(단위: 명)

출처: Anne Case and Angus Deaton(2015).

률이며, 검은 실선이 같은 나이대 히스패닉계 사망률을 보여줍니다. 비히스패닉계 백인 중년 사망률이 유독 상승한 것을 금방 발견할 수 있습니다. 이외에 다른 선은 동일 나이대 프랑스, 독일, 영국, 캐나다, 호주, 스웨덴의 사망률을 보여줍니다.

비히스패닉계 백인 중년의 사망률 증가는 2000년을 고비로 시작되었는데, 사망 원인을 분석한 결과 자살과 약물중독, 폐암과 알코올에 따른 간 손상 순서였습니다. 앤 케이스와 앵거스 디턴

이 백인 중년의 급격한 사망률 상
승을 설명하면서 '절망사death of
despair'라는 표현을 사용한 게 이
때문이죠.[2] 반면 이들보다 나이 많
은 65~74세 비히스패닉계 백인의
사망률은 매년 2%씩 지속적으로

> **미국의 인종 구성**
> 미국의 인구조사국에서는 10년
> 마다 인구 조사를 실시하고 있
> 습니다. 가장 최근인 2020년
> 에 실시한 인구통계에 따르면,
> 미국 전체 인구는 3억 3,260만
> 1,000명이라고 합니다. 그중
> 백인의 비율은 59.7%, 히스패
> 닉은 18.7%, 흑인은 12.5%, 아
> 시아계는 5.9%입니다.

감소한 것을 보면, 이들의 죽음에 관심이 쏠리는 것은 당연한 일
이라 생각됩니다.

직접적인 사망 원인,
마약 펜타닐

유독 비히스패닉계 백인 중년 집단의
사망률이 높은 가장 직접적인 원인은 명확합니다. 45~54세 미
국 백인들은 강한 중독성과 사망률을 보이는 약물, 펜타닐fentanyl
의 희생자가 되었습니다. 참고로 2020년 기준 세계 인구 중 약
2억 8,000만 명이 마약 중독 상태인데, 이는 15~64세 인구의 약
5.6%에 이르는 숫자입니다. 대마초cannabis가 가장 많고 그다음
은 아편opioids으로, 약 6,000만 명이 남용한 것으로 알려져 있습

펜타닐
2mg 정도의 양만으로도 사망에 이르게 하는 강력한 마약입니다. 중독될 경우 몸을 제대로 가누지 못하거나 기괴한 자세로 굳어버려 '좀비 마약'이라고도 말하죠. 미국 펜실베이니아주의 켄싱턴 거리에는 펜타닐 중독자들로 가득해 일명 '좀비랜드'라고 불린다고 합니다.

니다.[3] 펜타닐은 합성 아편에 속하는데, 1959년 처음 합성에 성공한 이후 강력한 진통제로 사용되었습니다. 그러나 환자의 의존성이 너무 높다는 게 문제가 되어 1964년 UN United Nations, 국제연합의 '마약에 관한 단일 협약'에 의해 통제물질로 지정된 바 있죠.

그럼에도 최근 미국 등 주요 선진국에서 펜타닐 사망자가 폭발적으로 늘어나는 중입니다. 2015년 한 해에만 5,000명이 사망한 데 이어 2017년에는 2만 8,000명, 그리고 2022년에는 8만 명에 이르렀습니다. 다행히 2022년을 고비로 펜타닐 사망자 수가 줄어들기는 했지만, 여전히 7만 명 내외의 사람들이 목숨을 잃는 것으로 집계됩니다.[4] 펜타닐 사망자가 걷잡을 수 없이 늘어난 가장 직접적인 이유는 단 한 번만 투약해도 중독될 정도로 심각한 중독성을 지닌 것이 큽니다.[5] 더 나아가 펜타닐 원료는 중국에서 생산되지만 멕시코에서 완제품 포장이 이뤄지기에 미국으로의 유통 경로가 만들어져, 가격이 크게 내려가고 접근성이 높아진 것도 영향을 미쳤다고 합니다.

미국의 국토안보부는 멕시코 국경에서 펜타닐 단속을 강화하기 위해 인공지능을 활용하는 등 많은 노력을 기울이고 있지만 성과는 아직 미진한 것 같습니다. 참고로 인공지능은 엑스레이 사진을 판독해 추가 조사가 필요한지 여부를 판단하는 역할을 맡고 있는데, 앞으로 더욱 도입이 확대될 것이라고 합니다. 그러나 이러한 다양한 노력에도 비히스패닉계 백인의 절망사를 줄이기는 쉽지 않을 것이라는 비관론이 팽배합니다.

고립된 미국 백인 중년,
약물 중독에 빠져들다

비관론이 더 높은 이유는 몇 가지 구조적인 요인이 지속되고 있기 때문입니다. 가장 큰 문제는 제조업 블루칼라 노동자의 대량 해고 사태입니다. 미국 제조업 고용은 2000년부터 2010년 전후까지 500만 명 이상 줄어들었습니다. 문제는 제조업에서 해고된 사람들이 구할 수 있는 일자리가 한정적인 데 있었습니다. 1946~1964년에 태어난 베이비붐 세대는 2000년대에 아직 은퇴를 하지 않았던 데다, 새로운 일자리가 정보통신 및 헬스케어 부문에서 생긴 것도 문제가 되었습니다. 정보통신 부문이나 헬스케어 부문 모두 수년 혹은 그 이상에 걸

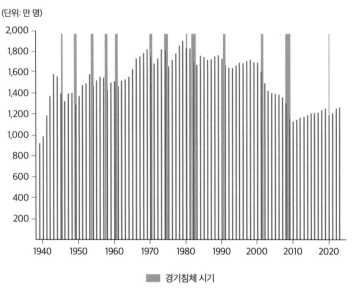

◑ 미국 제조업 고용 변화

(단위: 만 명)

경기침체 시기

출처: FRED.

친 추가적인 교육투자가 필요했기 때문이었습니다.

특히 요양 보호사 및 간병인을 비롯한 헬스케어 부문 일자리는

환자와의 소통이 중요하기에, 여성들이 새로운 일자리 대부분을

꿰찼습니다.[6] 물론 모든 백인 중년이 어려움을 겪은 것은 아닙니

다. 교육 수준이 상대적으로 높은 이들은 재교육 등을 통해 정보

통신 혁명에 적응할 수 있었지만, 저학력 백인 중년 남성은 이게

쉽지 않았습니다. 특히 1990년대 이후 여성의 대학 진학률이 남

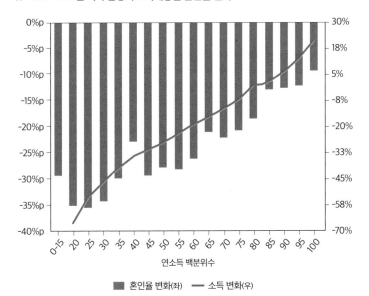

● 1970~2011년 미국 남성의 소득계층별 혼인율 변화

연소득 백분위수

■ 혼인율 변화(좌)　— 소득 변화(우)

출처: Brookings Institute(2012).

성을 10% 포인트 이상 넘어선 데 이어, 대학원에서는 여학생 비율이 60%에 육박한 것도 문제를 일으켰죠.[7]

　남녀 교육 격차의 확대는 저학력 남성의 장기 실업 문제와 재취업 문제 외에 혼인율의 하락을 유발했습니다. 위 그래프는 소득계층별 혼인율의 변화를 보여주는데 소득 수준이 낮을수록 남성의 혼인율이 급락했음을 발견할 수 있습니다.[8] 여성들의 교육 수준이 높아지고 취업률이 상승하는 가운데, 소득 수준이 낮은 남성을 결혼 상대자로 선택하지 않게 되었던 것입니다. 더 나아가 교육 수준이 높은 사람들끼리 결혼하는 경향까지 높아짐으로써, 가구 소득의 불평등을 심화한 요인으로 작용했죠. 결혼하지 못했거나 혹은 이혼하는 과정에서 안정성이 떨어지고 사회적 고립을 경험할 가능성이 커집니다.

직장을 잃고 평생을 같이할 동반자도 없는 사람에게 마지막 안식처는 종교가 될 수도 있습니다. 그러나 퓨 리서치 센터 조사에 따르면, 2000년 이후 "공동체 활동에서 종교의 영향력이 줄어들고 있다"라고 답한 사람들의 비율이 극적으로 높아졌다고 합니다.[9] 물론 미국인의 거의 절반 정도는 아직도 '강한 종교적 신념'을 가진 대통령을 선호합니다만, 미국인의 41%는 일상적인 대화에서 상대의 동의 없이 종교적인 주제를 꺼내는 것은 실례라고 생각합니다.

미국 내 종교 비율
미국 내 비종교인(무교)의 비율은 50년간 5%에서 30%로 증가했습니다. 기독교 중심의 공동체 생활 반경이 좁아졌음을 시사하죠. 지지 정당별로 보면 공화당 지지자 중 61%가 종교적 정체성을 보유한다고 밝혔으며, 민주당은 37%, 독립정당 지지자는 44%였습니다.

물론 일부 종교는 공동체의 단합을 해치는 경우도 있긴 합니다만, 사회의 구심점 중에 하나가 사라진 것도 분명한 영향을 미친 것입니다. 이렇듯 마음의 안식처와 소속감을 갖게 하던 종교 생활마저 위태로워지는 모습은 비히스패닉계 백인 중년들에게 충격으로 다가왔을지도 모릅니다. 펜타닐과 같은 약물은 이들에게 힘든 현실을 잊을 돌파구가 된 것이죠.

소외된 백인 중년층이
트럼프를 지지하는 이유

그럼 왜 미국 비히스패닉계 백인들은 2016년 이후 트럼프에 대한 강력한 지지 세력이 되었을까요? 여러 이유가 있지만, 트럼프가 그들의 이야기를 대변하는 것처럼 보인 것이 제일 결정적입니다. 즉 "당신들이 무능해서 어려움을 겪는 게 아니라, 중국산 제품과 이민자 때문"이라고 주장하고 또 실천한 것이 그들의 마음을 울린 것입니다.

2018년 트럼프 대통령은 3%대이던 대중 관세를 22%까지 인상함으로써, 미국 시장에서 중국 상품의 위치를 크게 꺾어놓은 바 있습니다.[10] 2023년 미국 수입 시장 1위는 4,800억 달러의 멕시코이며, 2위 중국은 4,480억 달러, 3위 캐나다는 4,296억 달러를 기록했습니다. 그리고 멕시코 방벽 건설 등 다양한 조치를 통해 이민자의 유입을 억제함으로써, 블루칼라 백인들에게 "이 정

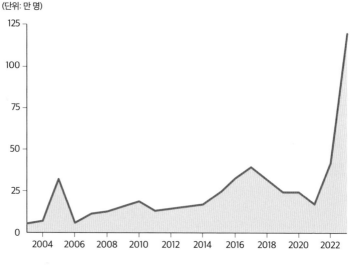

● 미국 내 고용 허가를 받은 난민의 수 변화

(단위: 만 명)

출처: New York Times(2024.2.29.).

부가 무언가를 하고 있구나"라는 생각을 갖게 만들었죠. 위 그래 프는 고용 허가를 받은 난민의 수 변화를 나타냅니다. 인도주의 적인 이유(난민 등)로 미국에 유입된 사람들에게 발급된 고용 허가 건수를 보여주는데, 트럼프 대통령 임기 시절인 2017~2020년에 급격히 감소한 것을 발견할 수 있습니다.[11] 난민에 대한 고용 허가가 이토록 어려워지는 상황에서, 불법 이민자 단속이 강화되어 2019년에는 월 3만 명 아래로 줄어든 것으로 추정됩니다.[12]

그럼에도 불구하고 트럼프 정부의 반이민, 반세계화 정책이 효

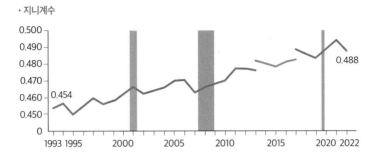

◐ 1993~2022년 지니계수와 상위 90%, 50%, 하위 10% 가구별 실질소득 변화

· 지니계수

0.454

0.488

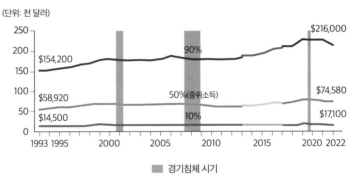

· 실질소득(2022년 물가상승률 반영)

(단위: 천 달러)

$154,200

90%

$216,000

$58,920

50%(중위소득)

$74,580

$14,500

10%

$17,100

■ 경기침체 시기

※ 2013~2017년 데이터는 조사 방법의 일관성 결여 문제로 끊김이 발생함.
출처: U.S. Census Bureau(2023.9.12.).

과를 거둔 징후를 발견하기 어렵습니다. 여러 노력에도 불구하

고 제조업 고용은 트럼프의 집권 기간 내내 늘어나지 않았으며,

지니계수Gini coefficient가 트럼프 정부 후반기에 가파른 상승 흐름

을 보이는 등 불평등이 심화되었기 때문입니다.[13] 참고로 지니계

2024년 1월 27일, 다시 대통령 후보로 나선 도널드 트럼프가 네바다 예비선거와 코커스에 앞서 라스베이거스에서 선거운동을 하고 있다. 그의 이번 캠페인 구호는 "다시 위대한 미국을 만든다Make America Great Again!" 이다.

수란 얼마나 소득이 불평등하게 분배되어 있는지 측정한 지표입니다. 1에 가까워지면 단 한 사람이 모든 소득을 독점하는 것으로 볼 수 있고, 반대로 0에 가까워지면 모든 이들의 소득이 평등해진다고 볼 수 있습니다.

　오히려 바이든 대통령이 집권한 2021년부터 불평등이 완화되는 것이 흥미롭습니다. 바이든 정부의 노력 외에 코로나 팬데믹 이후 노동시장에서 은퇴한 노인들이 늘어나며 MZ 세대의 고용이 크게 늘어난 탓이 가장 클 것 같습니다.[14]

그러나 예전보다 훨씬 살기 좋아졌음에도 불구하고 비히스패닉계 백인 중년들의 트럼프 지지는 확고한 것으로 보입니다. 특히 트럼프 선거운동의 핵심 포인트, 반중 노선이 광범위한 지지를 받고 있다는 것도 감안할 필요가 있습니다. 이 문제는 이어지는 두 번째 토픽 '부상하던 중국은 왜 혐오의 대상이 되었을까'에서 자세히 다루도록 하겠습니다.

바쁜 어른을 위한 시사점

21세기 들어 미국의 제조업 위기가 고조되며 블루칼라 노동자의 대량 해고가 이어졌습니다. 이 여파로 직장을 잃은 비히스패닉계 백인 중년층이 펜타닐과 같은 마약에 빠져드는 비율은 높아졌고요. 트럼프는 이 원인을 중국산 제품과 이민자 때문이라 말하며 2016년 대선에서 미국 비히스패닉계 백인 남성의 압도적 지지를 받았는데요. 여전히 강력한 지지층을 바탕으로 2024년 대선에 트럼프가 다시 등장했습니다.

TOPIC 2

부상하던 중국은 왜
혐오의 대상이 되었을까

반중 정서 🔍

중국몽 🔍

시진핑의 시대 🔍

베이징 컨센서스 🔍

제조 2025 🔍

ECONOMIC NEWS

올림픽 개최국 텃세에 반중감정 거세져
《동아일보》, 2008.08.18.

反日·反中 시위 동시에… 센카쿠 화해국면 '찬물'
《서울신문》, 2010.10.18.

남중국해 분쟁 가열… 베트남은 실탄훈련, 대만은 함정 배치, 미국은 이지스함 급파. 중국은 비난과 함께 확전 경계
《헤럴드경제》, 2011.06.13.

[홍콩 우산혁명] "대륙 같은 통제사회로 세뇌"… 홍콩, 중국 정부 꼼수에 폭발
《서울신문》, 2014.10.02.

[대만 정권교체] 反中정서 '딸기 세대'의 분노… 쯔위 사태에 134만 명 몰표
《서울신문》, 2016.01.18.

中 "왜 또 한국 드라마냐…" 한류의 씨 말리는 '한한령'
《서울신문》, 2016.11.21.

中, 신장위구르 무슬림 100만명 구금… 이슬람권, 反中시위 잇따라
《조선일보》, 2018.09.29.

아프리카 反中 여론 커져… 인종차별 논란에 채무 함정론까지
《머니투데이》, 2018.10.16.

'中 견제' IPEF 출범 다음날, 中-러 군용기 6대 KADIZ 침범
《동아일보》, 2022.05.25.

최근 주요 선진국 국민들 사이에 반중 정서가 크게 부풀어 오르고 있습니다.[1] 미국의 진보적인 연구 기관, 퓨 리서치 센터의 조사에 따르면 미국 국민들이 중국에 호감을 느낀다고 답한 비율이 단 14%에 불과한 것으로 나타났습니다. 그런데 흥미로운 사실은 과거에 미국 사람들은 중국을 그렇게 싫어하지 않았다는 겁니다. 특히 2000년대에는 대중 우호도가 50%를 돌파하기도 했죠. 미국 등 선진국 국민들의 대중 감정이 악화된 것은 2008년 베이징 올림픽부터 2015년까지 약 7년 동안 연달아 발생한 일련의 사건 때문이었습니다. 이때 무슨 일이 있었기에 선진국의 국민들은 중국에 대해 강한 반감을 느끼기 시작했을까요?

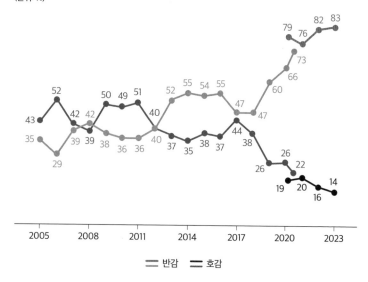

◑ 2023년 미국인 대상 중국 우호도 조사, 역사상 최악의 반중 정서

(단위: %)

== 반감 == 호감

※ 무응답자는 표시하지 않음.
출처: PEW RESEARCH CENTER.

결정적 분기점이 된
2008년 베이징 올림픽

여러 사건이 중국에 대한 반감을 높였지만, 가장 결정적인 계기는 2008년 베이징 올림픽과 글로벌 금융 위기라 생각합니다.

1999년 코소보 전쟁 당시 나토NATO, 북대서양조약기구가 유고슬라비아 전역에 걸쳐 폭격하는 과정에서, 세르비아의 수도 베오그라드에 위치한 중국 대사관을 폭격해 3명의 중국 기자가 사망한 일이 있었습니다.[2] 당시 중국 국민들은 대단히 분노했지만, 직접적으로 미국인을 폭행하거나 미국 제품에 대한 불매운동에 나서지는 않았

> **도광양회**
> 자신을 드러내지 않고 때를 기다리며 실력을 기른다는 뜻. 중국 천안문 사태로 인한 서구의 제재, 베를린 장벽과 소련의 붕괴로 인한 사회주의 퇴조 속에서 덩샤오핑은 중국의 활로를 찾기 위해 드러내지 않고 실력을 기르는 방법을 택했습니다.

습니다. 자신감도 없었고 또 인터넷도 크게 확산되지 않은 탓이었죠. 이때 중국 정부는 덩샤오핑의 유시, 즉 도광양회韜光養晦를 철저하게 따르는 중이었습니다. 경제적으로 세계 톱 레벨이 될 때까지는 미국과 사이좋게 지내고 인내하라는 말입니다.[3]

2008년 베이징 올림픽 이후 중국몽中國夢이라는 단어가 대세로 등장했습니다.[4] "중화민족의 위대한 부흥을 이루는 것"이라는 뜻으로, 1840년 아편전쟁 이후 100년에 걸친 굴욕의 역사를 딛고 이제 경제는 물론 군사 등 모든 면에서 미국을 뛰어넘는 세계 최강대국이 되겠다는 이야기입니다. 수십 년에 걸친 경제성장으로 국력이 신장되자 자부심이 높아진 데다, 다른 나라에 성과를 인정받고 싶은 욕구를 가지게 되었죠. 특히 올림픽에서 48개의 금메달을 따면서 종합 1위를 차지한 것도 큰 영향을 미쳤습니다. 그러나 자신감에 지나쳐 다른 나라를 공격하기 시작하면서부터 중

국에 대한 반감이 임계치를 넘어서기 시작했습니다.

이 문제를 가장 단적으로 드러낸 사건이 2015년 MBC의 예능 프로그램 〈마이 리틀 텔레비전〉에 걸그룹 트와이스의 외국인 멤버 4명(사나, 쯔위, 모모, 미나)이 출연해 자국 국기를 들고 인사한 일이었습니다. 공중파 TV로 방영되지 않고 인터넷으로만 방송되었지만, 대만 국기(청천백일기)를 들고 있는 쯔위 양의 모습이 중국과 대만에 퍼지면서 심각한 문제로 발전했습니다. 중국은 '하나의 중국'을 내세워 대만의 독립을 인정하지 않았기 때문입니다. 대만은 국제기구 가입이나 올림픽 등에서 '중화민국中華民國'이라는 국호는 물론 자국 국기도 사용하지 못하게 되어 있다며, 중국 네티즌들이 강하게 반발하고 나선 것입니다. 결국 쯔위 양은 아래와 같은 사과문을 발표하기에 이르렀죠.

안녕하세요. 저는 저우쯔위周子瑜입니다. 죄송합니다. 일찍 나와 사과 드려야 했습니다. 지금의 상황을 어떻게 대처할지 몰라 그동안 여러분 앞에 직접 설 엄두를 못 냈고 이제서야 서게 되었습니다. (중략) 저는 중국인으로서 해외 활동 도중, 언행상의 과실로 인하여 회사와 양안(대만과 중국) 네티즌들의 마음에 상처를 주었습니다. 대단히 송구스럽고 또 부끄럽습니다.[5]

쯔위
사과문

문제를 키운 것은 중국 정부의 비호를 받은 집단, 소분홍小粉紅이었습니다.[6] 소분홍은 중국 당국이 조직한 것으로 보이는 '분노청년'이라는 조직으로, 이들은 중국을 제외한 모든 나라에 대해 강한 분노를 느끼는 극단적 민족주의자로 행동합니다. 이들은 당시 쯔위의 태도에 성의가 없다는 이유로 이른바 '출정'을 단행했죠. 출정이란 적으로 간주된 회사나 개인에 대해 무차별적인 테러를 저지르는 것입니다. 회사가 주주와 소통하는 게시판에 중국공산당을 찬양하는 노래 팔영팔치八榮八恥를 도배하는 것부터 개인의 사회관계망 서비스에 난입하는 것까지 다양한 행태의 공격이 이뤄졌습니다.

문제는 이와 같은 식의 공격이 개인이나 기업에 그치는 게 아니라 한국이나 필리핀처럼 만만한 나라를 대상으로도 자행된 데있습니다. UN 해양법에 따라 필리핀의 배타적경제수역에 포함된 스프래틀리군도(중국 이름은 '난사군도')에 대한 중국의 영유권 주장, 2016년 주한미군 사드THAAD 배치 공표 이후 한국 문화 교류를 비공식적으로 금지한 '한한령限韓令'이

> **하나의 중국**
> 중국과 홍콩, 마카오, 대만은 나뉠 수 없다는 원칙입니다. 특히 중국과 대만의 양안관계兩岸關係에서 자주 언급됩니다. 1949년 제2차 국공내전에서 패배한 중화민국(대만) 정부는 대륙에서 현재의 대만섬으로 옮겼죠. 이후 중화민국과 중국 모두 '하나의 중국'을 표방하며 서로의 정부를 인정하지 않고 있습니다.

대표적인 사례라 하겠습니다.[7] 특정 국가의 제품을 소비하는 사람을 '비애국자'로 몰며 외국 상점을 부수고 외국인을 폭행하는 일이 당국의 방관 아래 지속된 것은 중국에 대한 선진국 국민의 혐오를 높이는 요인으로 작용했습니다. 분노 청년들이 격렬한 행동을 보일수록 다른 나라 국민들도 중국을 싫어하게 되는 악순환이 벌어진 셈입니다.

베이징 컨센서스와 일대일로 전략 출현

베이징 올림픽보다 더 중요한 변화의 계기를 제공한 것은 2008년 말 발생한 글로벌 금융 위기였습니다. 금융 위기 이후 미국이나 유럽 등 선진국이 심각한 침체에 빠지자, 중국이 민주주의국가에 비해 훨씬 우월하다는 주장을 펼치는 사람들이 늘어났습니다. 이들의 주장을 정리한 것이 바로 '베이징 컨센서스'였죠. 미국이 주도하는 경제질서(자유무역을 촉진하는 한편, 정부의 규제를 완화해나가는 것)인 워싱턴 컨센서스의 대안이라는 면을 강조하기 위해 붙인 이름이라 하겠습니다.

베이징 컨센서스는 중국식의 '정부 주도 시장경제 발전 모델'

로 요약할 수 있습니다.[8] 그리고
중국은 자신의 성공 모델을 해외
로 수출하겠다는 야심을 품었습니
다. 인터넷 환경에서 대중들의 애
국주의적 행동을 억제하기 힘들
어진 만큼 본격적으로 해외에 진
출하자는 것이었습니다.[9] 중국 입
장에서 볼 때 이는 여러 방면에서

> **워싱턴 컨센서스**
> 1. 재정 균형
> 2. 공공재(예: 보건과 교육) 중심
>   으로 재정지출
> 3. 조세 기초 확대와 형평성을
>   결합한 조세개혁
> 4. 금리자유화
> 5. 경쟁적인 환율
> 6. 무역자유화
> 7. 해외 자본의 국내 직접투자
>   자유화
> 8. 국가 기간산업 민영화
> 9. 경쟁 제고를 위한 규제 완화
> 10. 사유재산권의 보호

큰 이익이 되는 일이었죠. 먼저 원유를 비롯한 핵심 원자재를 수
입에 의지하고 있으니, 공급망을 다변화하는 게 국가적인 이익에
도움이 된다는 것입니다. 더 나아가 2008년 글로벌 금융 위기 이
후 시행된 대규모 경기 부양 정책으로 발생한 생산설비의 과잉
문제를 해결할 수도 있다는 점이죠. 그리고 발전에서 소외된 서
부 지역에 대한 투자를 확대할 수 있으니 일석삼조의 효과를 누
릴 수 있었습니다.

또한 2013년 시진핑 주석이 카자흐스탄을 방문해 '실크로드
경제벨트'를 언급하면서부터 '일대일로─帶─路' 프로젝트가 시작되
었죠.[10] 여기서 '실크로드 경제벨트'는 중국-중앙아시아-러시아-
발트해로 이어지는 육상 교통망을 건설하는 것을 뜻합니다. 특히

주목할 점은 중간에서 남쪽으로 내려가 중국-중앙아시아-인도양 노선을 만든다는 것이죠. 그 대표적인 사례 중 하나는 중국이 막대한 차관의 대가로 파키스탄의 과다르항에 대해 40년간의 운영권을 확보한 것입니다.[11]

해상 수송망 다변화에도 힘을 기울이는 이른바 '해상 실크로드'는 중국 연안 항구와 인도양, 남태평양 등을 거쳐 유럽으로 연결되는 고효율 운송 통로 구축을 핵심 목표로 추진합니다. 중국은 원유 대부분을 중동에서 들여오는데, 싱가포르의 주변 해역 항행이 막힐 경우 중국 경제는 질식될 위험이 있죠. 이 문제를 해결하기 위해 싱가포르와 말레이시아, 인도네시아를 잇는 요충지인 믈라카해협을 대체할 새로운 수송로를 건설하는 게 실크로드 경제벨트의 목표입니다.

물론 공짜로 이 거대 프로젝트를 추진할 수는 없었죠. 미국처럼 강력한 연성 권력, 즉 물질적인 파워에 의지하지 않아도 되는 권력을 획득하지 못했기 때문입니다. 따라서 중국은 돈으로 이 문제를 해결했습니다. 일대일로 추진 10년 동안 중국의 직접투자액만 2,400억 달러에 이른다고 합니다.[12] 물론 이 돈의 상당 부분은 손실이 났고, 추가적인 대출 등이 이뤄진 것까지 포함하면 실제 규모는 이를 훨씬 넘어설 가능성이 높습니다. 그러나 적어도 경기를 부양하고 국민들의 자긍심을 높이는 데는 큰 도움이 된 것으로 보입니다.

중국 정책 전환의
부작용

여기까지 보면 일대일로 정책이 성공한 것처럼 보이지만, 크게 두 가지 문제를 일으켰습니다. 첫 번째 문제는 공급과잉 문제였습니다. 2008년 글로벌 금융 위기 이후 찾아온 세계 경제의 불황이 지속되었음에도, 지속적인 투자를 통해 생산능력을 끌어올리는 과정에서 중국 경제 내에 만성적인 디플레이션deflation 압력이 발생했습니다. 2016년 출범한 미국의 트럼프 행정부가 고율의 관세를 부과한 이유 중에 상당 부분은 중국 기업들의 저가 공세 때문이라 볼 수 있죠. 미국 경제가 호황일 때는 중국산 저가 제품이 인플레이션 압력을 완화시키는 등 긍정적 측면이 있었던 것은 분명한 사실입니다. 그러나 2008년 글로벌 금융 위기 이후 장기 저성장 국면이 지속되자, 미국 사람들은 인플레이션 억제보다는 일자리 감소에 더 주목하기 시작했습니다. 트럼프 정부가 대중 관세를 부과할 때마다 지지율이 오르는

2023년 5월 10일, 시진핑 주석이 중국의 미래 도시이자 '시진핑의 도시'라 불리는 슝안신구의 철도역과 국제무역센터 건설 현장을 시찰하고 있다.

일은 이를 반증합니다.

공급과잉 못지않게 심각한 중국의 두 번째 문제는 국가 부채가 크게 늘어난 가운데, 정부 투자의 효율성이 크게 떨어진 것입니다. 가장 대표적인 사례가 시진핑 주석이 2017년부터 야심 차게 추진한 슝안雄安, Xiongan 신도시 프로젝트입니다.[13] 중국 정부는 슝안이 '인류 발전사의 모범 도시'로서 혼잡한 베이징을 대체할 것이라고 선언했죠. 슝안 프로젝트에만 무려 6,100억 위안(약 835억 달러)이 투입되었는데, 이는 세계 최대의 수력발전 용량을 자랑하

● 슝안 신도시 위치

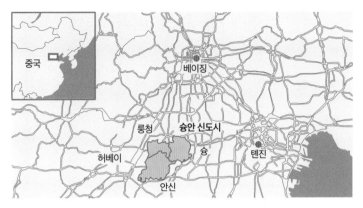

출처: Bloomberg.

는 중국 충칭의 싼샤三峽댐 건설 비용의 약 2배를 넘어서는 것이었습니다.

물론 슝안 프로젝트의 성패를 단언하기는 이릅니다. 홍콩 옆의 어촌 마을 선전深圳이 거대도시로 성장한 것처럼, 먼 훗날 슝안이 새로운 수도가 될지도 모를 일이죠. 다만 현재까지는 성공했다고 말하기는 힘들 것 같습니다. 슝안의 옥수수밭이 고속철도 기차역과 사무용 빌딩 그리고 주거 단지 등으로 바뀌었지만 거리에 사람은 거의 보이지 않기 때문이죠. 가장 대표적인 사례가 바로 대학입니다. 2022년까지 베이징에 위치한 4개 대학이 이전할 계획이었지만 슬그머니 '제2 캠퍼스' 건설로 바뀐 모양새라고 합니다.

정부 주도의 신도시 건설이 효과를 못 보는 이유는 결국 '클러스터industrial cluster의 힘' 때문입니다. 클러스터란 기업과 학교 그리고 연구 기관이 모인 혁신의 도가니를 지칭하는 말입니다. 베이징-텐진 지역은 세계에서 2번째로 큰 클러스터이며, 중국의 실리콘밸리로 불리는 중관촌中關村도 이 지역에 자리 잡고 있습니다.[16] 이런 상황에서 베이징에 위치한 학교와 기업을 신도시로 이주하라고 명령한들 그게 잘 작동할 가능성은 낮죠.

이런 식의 대규모 국가 프로젝트는 자원의 효율적 배분 관점에서는 상당한 문제가 됩니다. 사람 한 명 타지 않는 거대한 고속철도 역사가 즐비한데, 이것이 미래 성장을 촉진한다고 보기는 어려우니까 말입니다.

무역 분쟁을 부른
제조 2025

중국 정책 당국이 공공 건축 프로젝트에만 돈을 쓴 것은 아닙니다. 2015년부터 야심 차게 준비한 이른바 '제조 2025' 정책을 통해, 혁신 성장 산업을 육성하기 위해 노력했습니다.[15] 집적회로, 고급 공작기계, 첨단 선박 기술, 전기차, 바이오의약 등 10대 핵심산업을 육성하기 시작한 것입니다. 2015~2019년 투입 금액만 3,000억 달러에 이를 정도로 거대한 프로젝트였습니다.

그러나 이런 방식으로 정부가 주도해서 첨단산업을 육성하면 다른 경쟁국의 반발은 피할 수 없습니다. 미국의 대응이 대표적입니다. 이미 2012년 미국 하원은 중국의 통신장비업체인 화웨이와 ZTE를 조사한 후, 이 회사들이 중국군 사이버 부대에 특별 네트워크 서비스를 제공했다며 해당 회사의 장비를 구입해서는 안 된다고 경고한 바 있습니다.[16] 미국 의회가 중국 기업에 대해 강한 경고의 메시지를 날린 데는 기술 도둑질에 대한 우려가 있었습니다.

실제로 2003년 세계적인 통신장비업체인 시스코는 화웨이에 "소프트웨어와 관련된 매뉴얼을 불법으로 복제했다"며 소송을 걸었고, 2004년 화웨이는 막대한 비용을 지불하고 합의한 적 있습니다.[17] 2010년에는 미국 기업인 모토롤라, 2014년에는 독일 기업인 T모바일이 차례대로 화웨이를 기술 도둑질 혐의로 기소하기도 했죠.

의심이 계속 쌓이는 가운데 시행된 '제조 2025'는 중국에 대한 선진국 정부의 강경한 대응을 부르는 촉매로 작용할 수밖에 없었

습니다. 2016년 미국 트럼프 대통령의 당선 뒤에는 반이민자뿐
만 아니라 반중 감정 고조도 큰 영향을 미쳤던 것으로 보입니다.
그리고 이런 정치적 흐름 속에 중국 상품 등에 대한 무역 장벽이
점점 더 높아질 전망입니다.

시진핑 정부가 기존 노선을
수정할 수 있을까?

이 대목에서 한 가지 의문이 제기됩
니다. 선진국 국민의 반중 감정을 누그러뜨리려는 중국 측의 노
력은 왜 보이지 않을까요?

이 의문을 해결하기 위해서는 10여 년 전 중국 공산당 내에 벌
어졌던 정치 갈등을 살펴볼 필요가 있습니다. 2013년 시진핑이
정권을 잡을 수 있었던 결정적 이유는 보시라이薄熙來 사태 때문이
었습니다. 보시라이 전 충칭시 서기는 도시와 농촌 사이의 양극
화 문제를 국영기업의 역할 확대, 특히 공산당의 전방위적 통제
력 강화로 해결하고자 했습니다.[18] 쉽게 이야기해, 1966년 문화대
혁명을 재현함으로써 중국의 문제를 해결하겠다는 노선이었죠.
실제로 보시라이는 강력한 대중적 지지를 구축했으며, 특히 저우

융캉周永康 중앙 정법위 서기의 강력한 지지를 받아 강력한 라이벌로 부상했습니다.

그리고 반대편에는 광둥성 서기 왕양汪洋이 있었습니다. 그는 "등롱환조騰籠換鳥"라는 구호를 내세웠습니다. 새장을 비워 새로운 새로 채우듯, 양적 확대에 주력해왔던 중국을 강력한 구조 개혁을 통해 질적 성장으로 전환하자며 개

문화대혁명
1966~1976년 중국에서 벌어진 사회주의 운동입니다. 대약진운동이 실패하며 정치적 위기에 몰린 마오쩌둥은 자본주의를 타파하고 사회주의를 바로 세우자며 계급투쟁을 강조했죠. 결국 마오쩌둥을 지지하는 대학생 및 고교생으로 구성된 홍위병의 지휘로 전국적인 운동이 진행되는 가운데, 이들은 만민평등을 내세워 전통적인 가치와 부르주아적인 모든 것을 파괴하였습니다. 결국 운동이 과열되어 세력 간 다툼과 부정부패로 번지자 '극좌적 오류'라는 세간의 평가와 함께 사그라들었죠.

혁을 밀어붙였습니다.[19] 그는 농촌 지역의 주민, 즉 농촌 호구戶口를 가진 사람들이 도시에서 주택과 교육 서비스 혜택을 누리지 못하는 것을 비판하며 강력한 구조조정을 시행할 필요가 있다고 주장했죠. 더 나아가 구조조정 과정에서 발생하는 실업과 사회 불안정은 장기적 체질 개선을 위해서 감수할 필요가 있으며, 위기를 기회로 삼아 정부 주도형 경제에서 시장 주도형 경제로 전환해야 한다고 보았습니다.

중국공산당 지도부 입장에서 두 노선은 위험 부담이 너무 컸습니다. 먼저 보시라이의 주장은 대약진운동 및 문화대혁명에 대한

트라우마를 자극했습니다. 1958년 이른바 대약진운동을 시작했다 역사상 최악의 기근 사태를 유발해 약 4,500만 명이 목숨을 잃은 후 일선에서 물러났던 마오쩌둥은 기존 공산당 지도부를 공격할 목적으로 문화대혁명을 시작했습니다.[20] 1966년 마오쩌둥은 "부수지 않으면 세울 수 없다. 먼저 부수고 다음에 세운다"고 선언하며 수많은 문화재를 부순 것은 물론 지식인 계층을 몰락시킴으로써 이후 경제발전에 치명적인 해악을 끼치고 말았습니다.[21] 그의 사후 시작된 개혁개방정책 시행으로 중국은 대약진운동과 문화대혁명의 상처를 간신히 치유할 수 있었는데, 보시라이와 그의 일파(저우융캉 등)가 마오쩌둥의 노선으로 회귀하는 것은 위험천만한 행동으로 비춰졌죠.[22]

왕양의 노선도 위험해 보이기는 마찬가지였습니다. 구조조정을 단행해 경제를 일신한다는 것은 멋진 발상이지만, 2008년 글로벌 금융 위기 이후 발생한 선진국의 혼란이 중국에 재현된다면 어떤 파국이 찾아올지 모를 일이었습니다. 따라서 중국공산당은 보시라이와 왕양의 노선을 모두 추진할 대안을, 시진핑에게서 찾았습니다.

시진핑 주석이 집권을 시작한 이후 상시적으로 단행되는 '반부패' 운동은 보시라이의 정책을 카피한 것으로 볼 수 있고, 2021년 이후 강력하게 추진하는 '공동부유共同富裕' 정책은 왕양의 구조조정 노선과 궤를 같이한다고 볼 수 있을 것 같습니다. 즉, 시진핑 주석의 정책은 어떻게 보면 각 세력의 균형이 가져온 결과로 볼 수 있고 그가 노선을 자의적으로 바꾸기

> **공동부유**
> 함께 잘 살자는 말로서, 부의 분배를 의미하고 있습니다. 빈부 격차와 실업률 문제가 불거지자 시진핑은 불평등 해결을 목표로 국정 기조를 밝혔습니다. 경제성장을 주요시한 덩샤오핑의 선부론先富論에서 평등을 강조하는 노선으로 갈아탄 셈입니다. 중국은 이를 내세워 빅테크 기업은 물론 전 분야에 걸친 규제를 강화하고 있습니다.

어렵다는 이야기가 됩니다. 물론 시진핑 주석의 권력이 나날이 높아지는 것처럼 보이기도 하지만, 공산당 원로들의 쓴소리를 인내해야 할 정도로 절대적인 권력은 아니라는 보도가 전해지기도 했습니다.[23]

카리스마 넘치는 지도자와 당 원로에게 혼나는 주니어의 모습 중 어떤 것이 더 시진핑의 실체에 가까운지 판단하기는 쉽지 않습니다. 그러나 권위주의 국가 특유의 '무오류 노선'을 감안할 때, 시진핑 정부가 기존에 추진하던 정책을 신속하게 뒤집기는 쉽지 않으리라 생각합니다. 오히려 자신의 정책 실패를 감출 목적으로 더욱 민족주의적 감정을 자극하는 방향으로 나갈 가능성이 높아 보입니다.

반중 정서가
한국에 미칠 영향

중국의 애국주의 열기가 사그라들지 않을수록 글로벌 선진국의 반중 정서도 더 고조될 가능성이 높다고 봅니다. 이런 분위기를 파악하지 못하고 중국에 대규모 투자를 단행하거나, 혹은 중국에 있는 글로벌 기업의 설비를 인수하는 것은 현명한 행동이 아니라 생각됩니다. 선진국 소비자들에게 '중국 블록에 속한 기업'이라는 딱지를 받을 수 있기 때문입니다.

물론 선진국 국민들의 중국에 대한 우호도가 높아질 수도 있습니다. 중국이 애국주의의 열정을 가라앉히고 제조 2025 같은 산업정책을 철회하는 등 교역 상대방의 분노를 가라앉히려 노력한다면 사태의 악화를 막을 수 있으리라 봅니다. 특히 한국에 취했던 각종 규제 조치를 철회하고 사과한다면 한국 국민들의 적대적 감정도 완화되겠죠. 따라서 중국이 진정 변했는지 판단하는 잣대로, 이번 토픽의 내용을 활용해도 좋을 것 같습니다. 말로만의 사과가 아닌, 상대방에 끼친 손실에 대한 심적·물적 보상이 이뤄지는 게 핵심이 되리라 봅니다. 부디 중국에 대한 환상을 버리고 왜 선진국 소비자들이 중국을 싫어하게 되었는지 잘 되새겨보았으면 하는 바람을 가져봅니다.

바쁜 어른을 위한 시사점

2008년 베이징 올림픽부터 시작된 중국의 애국주의는 여전히 사그라
들지 않고 있습니다. 한국 문화를 배척하는 한한령, 주변 국가들과의
영토 분쟁, 경제 대국으로 발돋움하기 위한 일대일로 프로젝트와 제조
2025가 대표적인데요. 공격적인 중국의 태도에 세계 곳곳에서 반중 정
서가 심화되고 있죠. 중국에 대규모 투자를 단행하거나 중국에 있는 글
로벌 기업의 설비를 인수하는 경우에는 큰 피해를 입을 수 있으니 숙고
해야 합니다.

TOPIC 3

베이비붐 세대의 은퇴와
하강하는 중국 경제

저성장의 늪 🔍

4억 베이비붐 세대 🔍

도농 소득 격차 🔍

낮은 출산율 🔍

ECONOMIC NEWS

중국 젊은이 92% "도시서 살고 싶다"
《경향신문》, 2010.06.18.

[글로벌 톡톡] 사회주의 중국이 빈부격차 1위?
《동아일보》, 2014.09.12.

결혼-출산-삶의 의욕 잃은 中청년들, 청개구리에 빠졌다
《동아일보》, 2018.01.31.

[생생中國] 2020 가시밭길 중국 경제… 5%대 성장… 현실로 다가온 중국 '破六(파류) 시대'
《매경이코노미》, 2019.12.16.

'인적 자본' 참사 수준… 中은 '중진국 함정' 못 벗어나나
《조선일보》, 2022.04.16.

중국도 양육비 부담에 '출산 양극화'… 신생아수 6년새 '반토막'
[문화미래리포트 2023]
《문화일보》, 2023.05.11.

미·중 극과극 취업시장… 중국 대학생, 요즘 농촌으로 간다
《중앙일보》, 2023.05.31.

中, 작년에만 1900만명 건강보험 탈퇴… 도농 의료격차 우려
《아시아경제》, 2023.12.11.

미국을 위협하는 경제 강국으로 발돋움할 것이라고 기대받던 중국은 지난 2020년 이후 기나긴 침체에 빠져들었습니다. 경제의 약 20%, 그리고 고용의 30% 이상을 차지하는 부동산 부문의 침체는 도시 지역을 중심으로 심각한 구직난을 불러일으켰죠.[1]

특히 높은 연봉을 기대하며 대학 문을 나선 수많은 고학력자들의 실업난이 심각한 상태입니다. 2023년 6월 중국의 16~24세 실업률은 21.3%를 기록했고, 치솟는 실업률을 감당할 수 없었던 중국 정부가 통계를 최적화한다는 핑계로 한동안 공표를 중단할 정도였으니 말입니다. 잘나가던 중국 경제가 저성장의 늪에 빠진 이유가 어디에 있을까요?

굶주리고 교육도 제때 받지 못한
4억 베이비붐 세대

급속도로 추락하는 중국 경제에 대한
의문을 풀기 위해서는 먼저 중국의 인구구조에 대한 이해가 필
요합니다. 아래 그래프는 중국의 신생아 출생 추이를 보여주는
데, 주황색 박스로 표시한 1950년대 말 1960년대 초는 이른바 대
약진운동 시기에 해당합니다.[2] 당시 중국의 지도자 마오쩌둥은
"15년 내에 영국을 따라잡겠다"는 야심 찬 목표를 설정하고 단기

◑ 중국 신생아 출생 추이

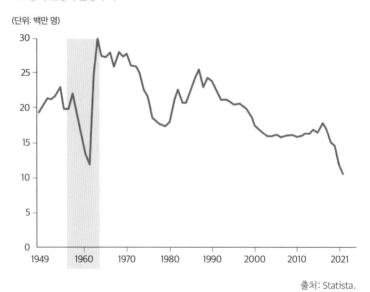

(단위: 백만 명)

출처: Statista.

간에 농업 및 공업 생산력을 늘리기 위해 대대적인 투자를 단행했습니다. 그러나 의도와 달리 곡물 수확량이 크게 줄어든 데다, 식량 배분마저 차질을 빚으며 약 4,500만 명의 사람들이 목숨을 잃었다고 합니다.[3]

수천만 성인이 굶어 죽는 상황에서 아이를 낳을 여력이 없어, 1959년 출생 아동 수는 1957년 출생 아동 수의 절반까지 줄어들었습니다. 대약진운동이 중단된 1962년 이후 출산율이 반등해 1975년까지 약 4억 명이 태어났으니, 이들이 바로 중국의 베이비붐 세대입니다.

그러나 베이비붐 세대는 제대로 먹지 못한 것은 물론 교육도 제때 받지 못했습니다. 그들이 태어난 직후 시작된 마오쩌둥의 문화대혁명 때문이었습니다. 앞 토픽에서 설명한 문화대혁명으로 인해 10년 동안 모든 대학과 대부분의 인문계 고등학교가 문을 닫았습니다. 도시의 지식인들이 지방으로 쫓겨 내려가는 판에 아이들에 대한 교육은 엄두도 낼 수 없었죠.

다음 그래프는 2015년 기준 주요국 근로자들 중 고등학교를 졸업한 사람의 비율을 나타내는데, 중국은 28.8%로 주요 경쟁국에 비해 가장 낮은 수준임을 알 수 있습니다.[4]

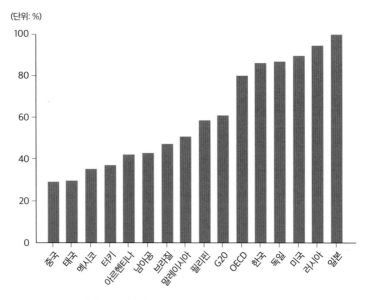

● 2015년 주요국 근로자의 고등학교 졸업 비중

(단위: %)

출처: Hongbin Li, Prashant Loyalka, Scott Rozelle, Binzhen Wu(2017).

교육을 등한시한 중국이
맞닥뜨린 현실

절대적인 소득수준이 낮을 때는 교육
이 그렇게 중요한 성장의 요소는 아닙니다. 1950~1960년대 한
국처럼, 부자가 되려는 욕망을 가진 부지런한 사람들만으로도 얼
마든지 경제를 성장시킬 수 있습니다.

실제로 중국은 덩샤오핑의 주도로 1978년부터 개혁개방정책

을 시행했고, 중국 경제는 바로 가파른 성장 궤도에 올라탈 수 있었습니다. 섬유와 의복, 신발같이 기존의 기술이 성숙 단계에 도달해 노하우가 다 공개되어 있는 산업, 즉 경공업이 경제의 중심일 때는 교육의 중요성은 상대적으로 떨어집니다. 눈치 빠르고 열심히 배우려는 사람들이 얼마든지 숙련의 사다리를 밟아 올라갈 수 있기 때문입니다.

그러나 문제는 전환기입니다. 1990년대 후반의 인터넷 혁명처럼, 새로운 신기술이 출현할 때는 교육 수준이 큰 차이를 발생시킵니다. 교육을 받지 못한 중국의 4억 베이비붐 세대가 마주한 현실도 이와 같았습니다. 컴퓨터와 인터넷 그리고 자동공작기계의 사용법을 익힌 사람은 중국 내에 없기에, 해외에서 발간된 책자나 매뉴얼을 통해 습득할 수밖에 없었습니다. 그러나 문맹을 간신히 면한 정도에 그치는 이들에게 너무 어려운 과제가 아닐 수 없었죠.

참고로 이런 현상은 꼭 중국에서만 이뤄진 것은 아닙니다. 미국이나 유럽, 그리고 한국의 사례를 보더라도 정보통신 혁명을 전후로 고등교육을 받은 사람과 그렇지 못한 사람 사이에 소득 격차가 크게 벌어지기 시작합니다.[5] 물론 나이가 많은 사람들도 사회의 변화에 적응하기는 쉽지 않습니다. 그러나 중요한 점은

동일 나이대에서 고학력자가 상대적으로 신기술을 받아들이는
데 유리하다는 것이죠.

좁혀지지 않는
농촌과 도시의 격차

학력 격차에 따른 양극화 문제를 더
욱 키운 것은 1958년부터 지금까지 중국 사람들의 삶을 지배하
는 호구제도였습니다. 호구제도란 중국의 인구 등록 제도로, 도시
호구를 가진 사람은 도시 지역의 학교에 진학하고 주택을 구입하
고 의료 서비스를 이용할 수 있게 만든 것입니다.[6] 반대로 농촌 호
구를 가진 사람들은 도시 지역에서의 교육·의료·주거 서비스를
이용할 수 없었습니다.

1958년 대약진운동을 추진하던 마오쩌둥 주석은 영국 등 선
진국 경제를 신속하게 따라잡을 목적으로 중화학공업을 집중적
으로 육성하고 있었습니다. 아무런 기반이 없는 상태에서 생산성
향상을 주도할 새로운 산업을 육성하기 위해서는 농촌 지역에서
생산된 자원을 효율적으로 추출할 필요가 있었기에 호구제도를
도입했습니다. 바로 이 제도가 '신형 도시화' 등으로 이름을 바꾼

채 지금까지도 이어지는 중입니다.[7]

이 결과 농촌 호구를 가진 채 도시에서 일하는 약 3억 명의 농민공에게 많은 문제가 발생했습니다. 도시 노동력의 대부분을 구성함에도 불구하고 필수 서비스를 이용할 수 없는 것은 물론, 직무에 관련된 재교육마저 받기 힘들기 때문입니다. 특히 농민공의 자녀 교육도 심각한 문제로 부상했습니다. 중국 인구의 64%가 농촌 호구인데, 농민공의 자녀들은 도시의 교육을 받을 수 없기 때문이죠.[8] 더 나아가 도시 출생률에 비해 농촌 출생률이 더 높아, 2015년 기준으로는 3세 미만 어린이의 75%가 농촌 호구를 가지고 태어난다고 합니다.

반면 도시 호구를 가진 이들은 문화대혁명 이후 개혁 개방 과정에서 고등학교와 대학에 진학할 수 있었고, 또 해외 유학의 기회를 잡을 수도 있었습니다. 그러나 마오쩌둥이 사망한 1976년, 도시에 거주하는 중국인의 비중은 단 17.5%에 불과했기에, 이런 기회를 누릴 수 있었던 사람들은 소수였죠.

여기에 도시 호구를 가진 이들은 1990년대 중반부터 시작된 주택 개혁의 수혜자이기도 했습니다. 상하이부터 시작된 정부 소유 주택의 저가 매각으로, 도시 호구를 가진 이들은 큰 부자가 될 수 있었기 때문이죠. 1991년 상하이시에서 시작된 국유 주택 매각의 핵심 내용은 '주택을 구입하지 않겠다는 이들에 대한' 임대료 현실화 정책이었습니다. 정부는 임대료를 매년 50~100% 인상함으로써, 정부 소유의 임대주택에 살던 상하이 시민들에게 주택 구입을 사실상 강요했죠.[9] 대신 국영 주택을 매입하겠다는 시민들에게는 주택을 싸게 매각한 것은 물론 장기 저리 대출을 지원해주었습니다.

도시 주민들은 울며 겨자 먹기로 주택을 구입했지만, 이내 큰 행운을 거머쥐었음을 깨달았죠. 경제성장의 과실이 해안의 대도시인 상하이에 집중되면서 주택 가격이 2020년까지 상승했기 때문입니다. 반면, 2선 혹은 3선 도시의 주택 가격은 해안 대도시와 달리 심각한 공급과잉에 시달리며 투자자들에게 제대로 된 보상을 해주지 못했죠.

참고로 2선, 3선은 중국의 도시 분류로, 1964년 중앙공작회의에서 마오쩌둥이 "중국 공업지대의 구조적 불균형을 지적하며 전쟁을 대비하여 새로운 공업지대를 건설해야만 한다"고 주장하면서 만들어진 용어입니다. 당시 마오쩌둥은 중국을 세 지역으로 나누었는데, 1선은 상하이와 선전을 비롯한 연안 대도시, 2선은 우한이나 시안, 정저우 같은 도시, 3선은 란저우와 바오딩, 타이위안 등 내륙의 중화학공업 중심도시들을 뜻합니다. 서방 국가와의 전쟁이 벌어질 때, 연안 지역이 제일 먼저 타격을 입을 것이라고 판단해 산업 설비를 내륙의 2선 혹은 3선 도시로 이동하기로 결정했죠. 물론 최근에는 도시의 규모와 영향력에 따라, 도시의 등급을 매기는 잣대로 이 용어가 더 많이 쓰이는 것 같습니다.

농촌 베이비붐 세대, 가난한 채로 늙어가다

도시는 부유해지고 농촌은 가난한 채로 머무르다 보니, 중국 베이비붐 세대의 노후 준비도 큰 격차를 보입니다.[10] 65~69세 연령대의 도시 거주자 연간 소비는 2011년 7,300위안(약 1,130달러)에서 2020년 1만 4,400위안(약 1,972달러)으로 늘어나, 도시 지역의 사정은 그래도 나은 편입니다. 반면 동일 연령대 농촌 거주자의 소비는 2011년 3,200위안에서 7,100위안이 되었으니, 달러로 환산하면 438달러에서 972달러로 늘어났습니다. 10년 만에 거의 2배가 늘어났음에도 불구하고 1,000달러 정도(한화 140만 원)로 살아가는 것은 참으로 힘든 일이 아닐 수 없습니다.

그런데 한 가지 특이한 일은 중국의 농촌과 도시 간 소득 격차

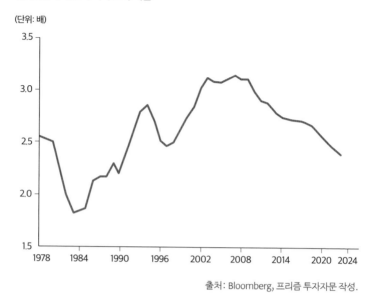

가 과거에 비해 많이 좁혀졌다는 것입니다. 농촌 대비 도시의 소
득 배율이 한때 3배를 넘어섰지만, 2012년 무렵부터 그 격차가
크게 좁혀져 최근에는 2.3배 전후까지 내려왔습니다. 소득 격차
의 축소가 나타난 이유는 농촌의 소득이 크게 증가한 탓도 있겠
지만, 도시 지역이 긴 불황을 겪은 것에서 찾을 수 있죠. 2012년
이후, 시진핑 정부는 경제성장보다는 분배 위주의 경제정책을 펼
쳤고 특히 도시 지역의 첨단기술 기업들이 많은 어려움을 겪었습
니다. 2021년부터 시작된 중국 도시 지역의 부동산 침체도 소득

격차의 축소를 가져온 요인으로
지목됩니다.

도시와 농촌 간 소득 격차가 좁
혀져도 소비 격차가 좁혀지지 않
았다는 것은 오랜 기간 힘든 시기

> **빈곤선**
> 적절한 생활 수준을 유지하는
> 데 필요한 최소한의 소득 수준
> 을 일컫습니다. 영국의 사회학
> 자 벤저민 라운트리가 제시한
> 개념으로 빈곤을 결정하는 기
> 준 소득이라 볼 수 있습니다.

를 보낸 농촌의 노인들이 늘 아끼고 저축하려는 성향을 지니고 있
음을 뜻합니다. 참고로 2017년 세계은행은 빈곤선poverty line을 하
루에 1.9달러, 연간으로 693.5달러로 정의한 바 있습니다. 이 기준
에 따르면 중국 농촌 노인의 소비 수준은 2010년대 중반에야 간
신히 빈곤선을 탈출한 셈입니다.

농촌의 노인들이 노후 빈곤을 겪고 있음에도 불구하고 정부의
대응은 미비하기만 합니다. 2018년 기준으로 한국의 국민연금
역할을 하는 양로보험 적립금은 단 5.8조 위안(약 7,943억 달러)에
불과하니 말입니다.[11] 양로보험 가입자가 9.4억 명이므로 1인당
고작 845달러이니, 농촌 호구 노인들의 한 해 소비 금액에도 미
치지 못하는 꼴입니다. 이에 중국 정부는 2015년부터 양로보험
의 주식 투자를 허용하고, 또 전국사회보장기금SSF, National Council
for Social Security Fund에 기금운용을 위탁하는 등 전문성을 강화하
는 중입니다. 그러나 주식 투자의 확대가 수익률 개선보다는 주

식시장 부양용으로 집행된다는 의혹이 끊임없이 제기되고 있어, 장기 성과가 개선될지 여부는 아직 불투명한 것 같습니다.

부모 세대의 빈곤이
젊은 세대의 저출산으로

중국 베이비붐 세대의 빈곤, 특히 농촌 노인들의 빈곤 문제가 심화되는 과정에서 저출산 현상이 더욱 가파르게 진행되고 있습니다. 최근 영국의 경제지,《이코노미스트》의 보도에 따르면 2023년 중국의 합계출산율은 1.1명을 기록한 것으로 나타납니다.[12] 한국의 2023년 합계출산율(0.72명)보다는 높지만, 중국의 1인당 국민소득이 1만 2,800달러로 한국의 절반에도 미치지 못한다는 것을 감안할 필요가 있습니다.

소득수준이 높은 나라일수록 출산율이 낮은 경향이 있습니다. 중국이 한국보다 1인당 국민소득은 낮지만, 다른 저소득 국가의 국민소득을 상회하므로 중국의 출산율은 앞으로 더 떨어질 여지가 있다는 이야기가 됩니다.[13] 소득수준이 높아질수록 출산율이 내려가는 이유는 '기회비용' 때문입니다. 예를 들어, 어떤 나라의 국민소득이 4만 달러에 달하고 여성의 경제활동참가율이 남성과

같다고 가정하면 출산 및 양육으로 인한 이 가정의 경제적 손실은 10만 달러를 상회할 것입니다. 임신과 출산·양육에 최소 2년 이상의 시간이 걸리며, 아이가 장애를 가지고 있을 때에는 치료비 부담까지 짊어질 것이기 때문입니다.

따라서 중국의 낮은 출산율은 내부 사정 때문인 것으로 볼 수 있죠. 부모 세대가 늙어서 힘들게 사는 모습을 보면서, 젊은 세대들이 출산을 기피하고 저축을 늘리는 것은 어쩌면 당연한 일입니다. 여기에 미·중 갈등이 심화되며 중국산 제품의 해외 판로가 여의치 않은 것도 악영향을 미친 것으로 보입니다. 경기가 좋으면 노후 걱정하는 이들이 줄어들 텐데, 최근 건설업을 중심으로 내수 경기가 끝없는 침체에 빠져든 것도 저출산 문제를 악화시킨 것으로 보입니다.

중국의 위험한 현실이 시사하는 것들

중국의 현실은 우리에게 많은 시사점을 줍니다. 한국은 베이비붐 세대의 은퇴가 중국처럼 인력 부족 문제와 내수 경기의 만성적인 부진 위험으로 불거지지 않도록 미리 대비해야 할 것입니다. 특히 내수시장 성장에 대한 기대를 낮추는 한편, 중국에 대한 의존을 줄여나가는 자세가 필요할 것 같습니다.

더 나아가 국민연금의 개혁이 시급한 것으로 판단됩니다. 중국 양로보험 사례가 보여주듯, 기금 고갈 위험이 부각될수록 노령 인구의 소비가 위축되고 이게 다시 내수 경기의 악화를 유발할 수 있기 때문입니다. 1960년대 후반에서 1970년대 초반에 태어난 X세대의 은퇴 이전에, 신속한 개혁이 이뤄질 필요가 있으리라 봅니다. 특히 최근 우리나라에서 논의되는 '더 내고 더 받는' 식의 개혁은 미래 세대의 부담을 높이고, 출산율을 더욱 떨어뜨릴 수 있다는 점에서 신중한 검토가 필요할 것입니다.[14]

바쁜 어른을 위한 시사점

4억 명의 중국 베이비붐 세대는 마오쩌둥의 문화대혁명 시절에 태어나 제대로 된 교육을 받지 못했습니다. 교육의 부재는 정보화 시대에 경쟁력을 가질 수 없게 만들었는데요. 더불어 호구제도가 도농 격차와 농촌 노인의 빈곤 문제를 심화시켰고요. 부모 세대의 가난을 지켜본 젊은 세대가 출산을 기피하게 되자 중국의 내수 경기는 끝없는 침체에 빠져들고 있습니다.

TOPIC 4

세계 경제를 뒤흔든
러시아의 우크라이나 침공

푸틴의 오판 🔍

러시아 경기침체 🔍

첨단 무기 전쟁 🔍

전쟁의 경제적 비용 🔍

ECONOMIC NEWS

러시아·우크라이나 등 CIS 8개국 FTA 체결

《경향신문》, 2011.10.19.

소련 부활 꿈꾸는 러시아 vs 東으로 진격 EU··· 동유럽은 '각축장'

《한국경제》, 2013.12.29.

크림 먹고 G8서 쫓겨난 러시아··· "미련없다, 뺄테면 빼라"

《동아일보》, 2014.03.26.

美, 유럽에 미사일 배치 등 러시아 견제 안간힘

《파이낸셜뉴스》, 2015.06.14.

러시아 미사일 맹폭에 우크라 '블랙아웃'··· 원전 폐쇄, 몰도바도 정전

《한국일보》, 2022.11.24.

우크라이나, 드론 날려 러시아 본토 첫 공격··· 전쟁 양상 변화 촉각

《국제신문》, 2022.12.06.

중국, 지난해 러시아에 드론·소총 수출··· '이중 용도' 가능성

《한국일보》, 2023.03.17.

'서방 제재에 보복' 푸틴, 러시아내 서방 자산 동결 및 국유화

《조선일보》, 2023.06.16.

이코노미스트, 즉 경제분석가는 대부분의 경제적 현상을 수요와 공급 관점에서 판단하죠. 예를 들어, 앞서 살펴본 것처럼 중국 성장 탄력의 둔화는 가파른 노령화와 무역장벽 등으로 설명할 수 있습니다.

그런데 30년 넘게 이코노미스트로 일해도 전망이 틀릴 때가 있습니다. 특히 러시아-우크라이나 전쟁의 경우에는 전혀 예측하지 못했습니다. 왜냐하면 수요와 공급의 관점에서 볼 때 러시아의 우크라이나 침공이 가져올 부정적 영향이 너무나 분명해 보였기 때문입니다.

다음 그래프는 2000년 이후 러시아의 경제성장률과 소비자물가 상승률의 관계를 보여줍니다. 이 그래프에서 2014년 말 크림

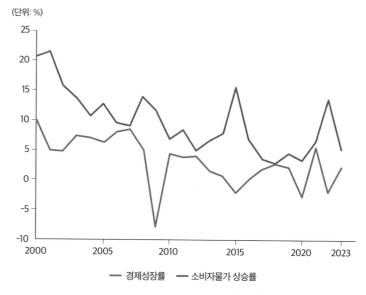

● 2000년 이후 러시아 경제성장률 및 소비자물가 상승률

(단위: %)

— 경제성장률　— 소비자물가 상승률

출처: IMF, 프리즘 투자자문 작성.

반도 합병을 전후로 심각한 경기침체가 발생한 것을 발견할 수 있습니다. 2015년 한 해 동안의 소비자물가 상승률이 15%를 넘고 경제성장률이 마이너스 2%를 기록한 것은 EU European Union, 유럽연합를 비롯한 선진국이 대러시아 경제제재를 단행한 탓이 컸습니다.[1]

먼저 러시아를 G8 Group of Eight에서 퇴출시키는 한편, 러시아 주요 인사에 대한 자산동결과 여행 금지, 그리고 각종 경제제재

를 단행했습니다. 물론 모든 면에
서 경제제재가 이뤄진 것은 아니
었습니다. 당장 독일만 해도 러시
아와 자국을 잇는 천연가스 송유
관 프로젝트, 노드스트림 2를 중
단하지 않았죠.

그러나 선진국들의 **불완전한**

경제제재만으로도 러시아 경제는 2021년까지 제로 성장에 그치
는 부진을 겪었습니다. 그 이유는 소비에트연방 해체 이후 제조
업 경쟁력을 대부분 상실했기 때문이었습니다. 해외에서 수입한
제품 없이는 러시아 경제가 제대로 돌아가지 않는 구조가 되었던
것입니다. 물론 러시아에 진출한 기업들은 여전히 활동했지만, 불
확실한 미래 때문에 추가적인 투자가 어려워졌죠.

상황이 이렇다 보니, 미국 바이든 대통령이 러시아의 우크라이
나 침공이 임박했다고 경고할 때 대부분의 예측가들이 '설마 침
공하겠어?' 하고 의심할 수밖에 없었죠. 실제로 2022년 우크라이
나 침공 이후 러시아 경제는 다시 마이너스 성장의 늪에 빠져들
었고, 심각한 인플레이션이 발생하고 말았습니다. 대체 왜 전쟁을
시작했을까요?

종이호랑이를
전쟁의 핑계로 삼은 러시아

　　일단 러시아의 입장에서, 우크라이나 침공은 나토의 동진 위협에 대응하기 위한 전쟁이라고 볼 수 있습니다.[2] 1990년대 초 소련이 붕괴한 후 나토는 동쪽으로 확장하여 결국 공산권에 속해 있던 대부분의 유럽 국가를 받아들였습니다. 발트3국으로 불리는 리투아니아, 라트비아, 에스토니아는 물론 폴란드, 루마니아 등도 나토에 가입했습니다. 이로써 나토군은 러시아에 수백 킬로미터 더 가까워졌습니다.

　블라디미르 푸틴Владимир Путин 대통령은 소련 해체를 20세기 최대의 재앙 중 하나이자 러시아가 세계 강대국들 사이에서 러시아의 정당한 위치를 빼앗긴 사건으로 묘사했습니다. 푸틴은 집권 20년 동안 러시아의 군대를 재건하는 한편, 나토의 확장이 러시아에 위협이 되고 있다고 여러 차례 주장했습니다.[3] 그는 2021년 12월, 나토와 미국에게 우크라이나가 나토에 가입하지 않는다는 보장을 해주는 한편 이미 나토에

> **블라디미르 푸틴**
> 벌써 4번째 대통령 임기를 채우고 있는 러시아의 대통령입니다. 스트롱맨 이미지를 부각시키며 철권통치를 해오고 있죠. 2024년 2월, 푸틴의 정적 알렉세이 나발니의 사망과 2023년 8월 민간군사기업 바그너의 설립자 예브게니 프리고진의 사망에 푸틴이 개입했다는 의혹을 받고 있습니다.

2022년 2월 23일, 우크라이나 침공 하루 전 회의에 참석한 블라디미르 푸틴 대통령의 표정이 굳어 있다.

2024년 러시아 대선 결과, 푸틴 대통령이 역사상 가장 높은 87%라는 기록적인 득표율로 압승했다. 푸틴은 이번 선거로 2030년까지 통치를 연장했다.

가입한 동유럽 국가에서 병력을 철수할 것을 요구한 바 있습니다.

　그러나 이와 같은 러시아 측의 주장은 몇 가지 면에서 설득력이 떨어집니다. 왜냐하면 나토가 군사동맹으로서 갖는 힘은 대단히 약하기 때문입니다. 2014년 러시아의 크림반도 침공이 발생하기 이전, 나토가 정한 가이드라인을 충족한 나라는 미국과 영국 그리고 그리스 세 나라에 불과했습니다.[4] 나토의 국방비 가이드라인은 크게 두 가지로, 하나는 GDP의 약 2%에 이르는 군사비 지출, 나머지 하나는 군사비 지출의 20% 이상을 장비 투자에 사용하라는 것입니다. 나토 가입 국가들이 가이드라인을 준수하지 않은 이유는 전쟁의 위험이 크지 않다고 믿었기 때문입니다. 가장 대표적인 사례가 독일로, 1990년의 독일 연방군은 50만 명에 이르렀지만 2018년에는 단 20만 명으로 줄어들었습니다.[5] 2011년 독일 정부는 징병제를 폐지했고, 군대는 만성적인 부사관과 장교 부족 사태를 겪는 중입니다. 특히 더 심각한 것은 군사 장비의 노후화로, 군용수송기 및 전투기 중에서 작전 준비가 되어 있는 것은 절반에도 미치지 못한다고 합니다. 보유 잠수함 6척 모두 항행 불능 상태로 항구에 장기 정박 중이라고 하니, 독일군의 군력이 얼마나 낮아져 있는지 알 수 있습니다. 한마디로 말해, 나토는 종이호랑이였던 셈입니다.

반대로 푸틴은 세 차례나 전쟁을 치르는 등 항상 공세적인 입장이었습니다.[6] 1999년 제2차 체첸 전쟁, 2008년 조지아 침공, 그리고 2014년 크림반도 병합에 이르기까지 푸틴 집권 기간 내 벌어진 전쟁은 러시아가 주도했죠. 전쟁을 치를 때마다 푸틴 대통령 지지율이 급등했고, 그의 집권 또한 정당화되었습니다. 결국 그가 우크라이나를 침공한 이유는 나토를 비롯한 서방의 우크라이나 지원이 없을 것이라고 생각했고, 또 승리를 자신했기 때문이라고 볼 수 있습니다.

러시아는 왜 하필
2022년에 전쟁을 일으켰을까?

그런데 여기서 또 한 가지 의문이 남습니다. 2014년 크림반도 병합 이전부터 우크라이나 경제는 정체 상태에 빠져들었고 전쟁 수행 능력도 크게 약화되는 중인데 굳이 전쟁을 일으킬 이유가 있느냐는 이야기입니다.

우크라이나의 인구는 2000년 4,918만 명에서 그다음 해인 2021년에는 4,382만 명으로 줄어들었고, GDP는 2007년 수준에서 정체되어 있었죠. 2023년 1인당 GDP가 갑자기 늘어난 것처럼 보이는 이유는 그만큼 많은 사람들

> **크림반도**
> 우크라이나 남쪽 흑해에 위치한 휴양도시입니다. 본래 러시아 영토였으나 1954년 우크라이나에 편입되었습니다. 주민 다수가 친러 성향이 강한 러시아계이기에 1991년 소련 해체 무렵 우크라이나 내 자치공화국으로 선포했고, 2014년 러시아가 무력을 동원해 병합하기에 이릅니다.

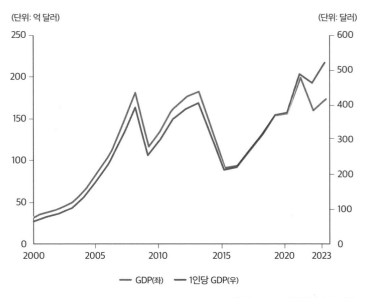

● 2000년 이후 우크라이나 경제

(단위: 억 달러)   (단위: 달러)

━ GDP(좌) ━ 1인당 GDP(우)

출처: IMF, 프리즘 투자자문 작성.

이 해외로 떠났고 또 사망했기 때문일 뿐입니다. 우크라이나 경제가 2015년을 기점으로 조금씩 회복되고 있는 것은 분명한 사실이지만, 만성적인 정치적 혼란을 잘 이용하면 얼마든지 벨라루스 같은 위성국가로 만들 가능성이 열려 있었습니다.

그럼에도 푸틴이 우크라이나 침공이라는 극단적 선택을 한 데에는 우크라이나 사람들의 '반러시아' 감정이 높아진 것뿐만 아니라, 러시아 경제가 내부에서부터 무너지고 있었던 것도 큰 영

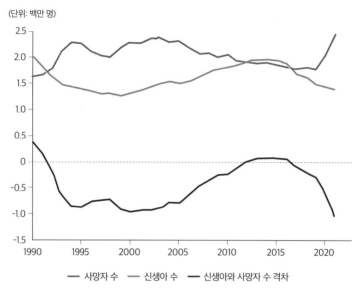

●◑ 러시아 신생아 수와 사망자 수 추이

(단위: 백만 명)

— 사망자 수　— 신생아 수　— 신생아와 사망자 수 격차

출처: UN Population Division.

향을 미쳤다 봅니다. 러시아가 군사 강대국으로 주변 국가를 위협하고 영향력을 행사할 수 있는 시간이 많이 남지 않았다는 초조함이 높아지고 있었던 것입니다.

러시아의 전쟁 수행 능력의 감소 가능성을 보여주는 가장 확실한 신호는 인구 감소입니다.[7] 러시아는 1990년대 초반 소련 붕괴 이후, 총인구가 만성적인 감소세를 보이고 있습니다. UN의 정례 세계 인구 전망에 따르면, 러시아 인구는 현재 1억 4,500만 명에서 2050년 1억 2,000만 명으로 줄어든다고 합니다. 더 나아가 러시아계 인구는 2010~2021년 540만 명이나 감소해, 러시아 전체 인구에서 차지하는 비중이 78%에서 72%로 줄어들었습니다.

특히 러시아 인구를 크게 감소시킨 것은 코로나19 팬데믹 때문이었는데, 러시아의 사망자 수는 인도 다음으로 많은 수준인 것으로 추정됩니다.[8] 러시아가 자체 개발한 백신, 스푸트니크 V의 효과가 크지 않은 데다 겨울이 길어 실내 공간에서 시간을 보내는 것도 큰 영향을 미쳤죠.

국가별 코로나19
사망자 수

첨단 무기 전쟁을 러시아가 주도할 수 있을까?

인구 이외에 러시아의 전쟁 수행 능력을 억제하는 요인은 바로 경제적 기반의 상실이었습니다. 러시아

경제는 이미 1980년대부터 심각한 고질병, 바로 석유 중독 증세를 앓고 있었습니다.[9]

1973년 제1차 석유 위기로 국제 유가가 급등한 덕분에 러시아의 경기침체가 한 방에 해결되었고, 우방국에게 헐값으로 석유를 수출하며 영향력을 확대할 수 있었습니다. 그러나 이 과정에서 제조업 경쟁력이 훼손되고 말았습니다. 풍부한 자원을 바탕으로 급성장을 이룬 국가가 장기적으로는 경기침체를 겪는 이른바 네덜란드병Dutch disease 혹은 자원의 저주resource curse에 걸린 것입니다. 러시아는 원유 수출 증가로 해외에서 달러가 유입되고 루블화의 가치가 상승하는 가운데, 국내 상품의 경쟁력이 약화되었죠. 즉 해외에서 사서 쓰면 되는데, 왜 힘들게 생산하느냐는 생각을 갖게 된 것입니다.

특히 문제가 된 것은 1990년대 이후의 일입니다. 서구 경제권은 정보통신 혁명에 대응해 막대한 투자를 하고 있었지만, 소련의 지도부는 혼란에 빠져 있었습니다. 걸프전 이후 국제 유가가 폭락한 반면, 소련의 경쟁력 강화를 위한 묘책은 찾을 수 없었죠. 특히 소련의 서기장 미하일 고르바초프Михаил Горбачёв가 1985~1986년 내세운 '가속화' 정책의 일환인 개혁 정책 '페레스트로이카перестройка'가 치명적인 경제 혼란을 불렀습니다. 가속화는 러시아의 정치, 사회, 경제적 발전을 위한 정책으로, 과학기술 및 중공업 분야에 막대한 자원을 투입해 생산량을 증대하는 계획이었습니다.[10] 그러나 소련의 '지도-명령 시스템'에서 자원을 효율적으로 배분할 방법이 없었습니다. 수십 혹은 수백 단계를 거슬러 올라가는 관료주의의 사다리를 타고 유연한 의사결정이 이뤄지기 힘들고, 또 계획대로 진척되지 않더라도 수정이 힘들었습니다.

또 1990년대부터 시작된 정보통신 혁명은 기존의 지시 및 명령 경제command economy의 약점을 그대로 노출시켰습니다.[11] 집집마다 초고속통신망이 깔리고 지하철에서 자유롭게 동영상을 시청할 수 있는 세상이 열릴 것을 30년 전에 예측하고, 정부가 일일이 생산량 및 투입될 자본 규모를 계획, 지시하는 게 가능하지 않다는 것을 금방 알 수 있습니다. 더 나아가 실패를 용인하지 않는 사회, 특정 산업에 대한 진입이나 퇴출이 자유롭지 않은 사회일수록 모험에 나서는 기업가를 찾기 어려운 것은 당연한 일입니다.

2022년 시작된 러시아-우크라이나 전쟁만 해도 드론을 비롯한 첨단 정보통신기기들이 전쟁을 주도하고 있습니다.[12] 문제는 러시아가 이와 같은 첨단 제품을 생산할 능력이 없다는 데 있죠. 그리고 최근 러시아는 중국에서 세탁기와 냉장고 같은 전자제품을 대량 수입하고 있다고 합니다.[13] 반도체에 대한 접근이 원천 봉쇄되는 가운데 가전제품에 사용된 칩을 무기로 전용하려는 것 아니냐는 이야기입니다. 나아가 포탄은 북한과 이란 그리고 중국에서 수입되는 것으로 추정됩니다. 따라서 러시아로서는 기존에 만들어놓은 무기, 즉 재래식무기가 효력을 발휘하는 동안에 승부를 보고 싶다는 조바심이 들 만합니다.

무너진 푸틴의 꿈

러시아가 생각보다 오래 버티는 이유는 중국의 군수물자 수출 덕분입니다. 《이코노미스트》에 따르면, 러시아 군수물자 수입의 상당 부분이 한 국가로 귀결되는 것으로 나타났습니다. 다음 그래프는 2022년 3월부터 2023년 7월까지의 대러시아 각종 군수물자 수출 건수를 나타냅니다. 압도적인 1등은 중국이고 2등이 홍콩, 그리고 3등이 터키입니다. 홍콩과 터키는 일종의 중개무역 기지이니, 결국 중국 덕분에 러시아의 군수물자 수급이 가능하다는 것을 알 수 있습니다. 참고로 독일과 한국이 4~5위에 포진한 것은 간접적인 군수물자를 모두 계산에 포함했기 때문입니다. 예를 들어, 자동화된 공작기계도 대포나 포탄을

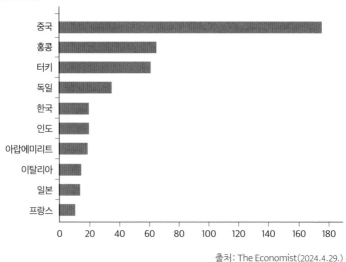

● 2022년 3월부터 2023년 7월까지의 대러시아 군수물자 수출 건수

(단위: 만 건)

중국	
홍콩	
터키	
독일	
한국	
인도	
아랍에미리트	
이탈리아	
일본	
프랑스	

0　　20　　40　　60　　80　　100　　120　　140　　160　　180

출처: The Economist(2024.4.29.)

만드는 데 필요할 수 있기 때문이죠.

　그럼에도 러시아-우크라이나 전쟁이 장기전으로 흘러감에 따라 러시아의 운명도 정해진 것 같습니다. 무엇보다 전쟁에서 발생한 경제적 비용이 예상을 훨씬 초과하고 인명 피해마저 눈덩이처럼 불어나고 있기 때문입니다.[14] 여러 연구자들은 미국이 베트남전쟁에서 쓴 것 이상의 비용을 러시아가 우크라이나 공격에 쓰고 있는 것으로 추정하고 있죠.

　또한 전쟁으로 최소 20만 명 이상의 젊은 남성이 희생되는 가

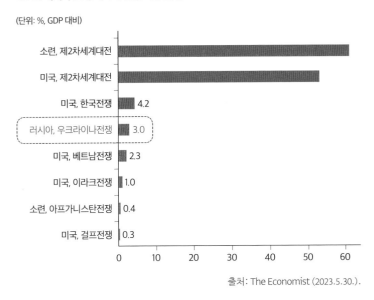

● 20세기 주요 강대국의 전쟁 비용 순위

(단위: %, GDP 대비)

소련, 제2차세계대전	
미국, 제2차세계대전	
미국, 한국전쟁	4.2
러시아, 우크라이나전쟁	3.0
미국, 베트남전쟁	2.3
미국, 이라크전쟁	1.0
소련, 아프가니스탄전쟁	0.4
미국, 걸프전쟁	0.3

출처: The Economist (2023.5.30.).

운데 주변 국가로 인구 유출이 대대적으로 나타난 것도 문제입니다. 러시아에서 부족한 군인을 보충하기 위해 20만 명 이상에 이르는 추가 징집이 이뤄졌지만, 그보다 훨씬 더 많은 젊은 남성들이 인접 국가로 탈출했다고 합니다.[15] 전쟁 발발 후 약 6개월 만에 약 20만 명이 카자흐스탄으로 빠져나갔고, 조지아로는 약 6만 9,000명, 그리고 EU로는 6만 6,000명이 이주한 것으로 나타났죠. 최근 러시아군에 입대한 젊은이들의 대부분이 러시아계가 아닌 아시아계 소수민족으로 구성되어 있다는 보도가 나오는 게 이 때문인 것 같습니다.

문제는 이와 같은 젊은 남성의 사망과 해외 이주가 신생아 출산 감소 현상을 더욱 부추길 가능성이 높다는 것입니다. 러시아 남성의 기대 수명이 아이티 수준에 불과한 데다, 출산율까지 급락하면 러시아 인구는 예상보다 훨씬 빠른 시간 내에 1억 명을 하회할 수 있습니다. 그리고 지속적인 경제제재 속에 첨단산업의 성장은 이제 기대하기 힘든 상황으로 가는 것 같습니다.

물론 전쟁 자체는 러시아의 승리로 끝날 수 있습니다. 2024년 2월, 미국 상원이 우크라이나 지원 예산을 부결시키는 등 아직도 서구 세계는 '전쟁은 남의 일'이라는 생각을 하고 있으니 말입니다. 그러나 전쟁에 승리한들, 국경선을 이전보다 서쪽으로 조금 더 밀고 나갈 뿐 러시아의 미래는 바뀌기 어렵다 생각합니다.

러시아의 변화를
알아야 하는 이유

러시아-우크라이나 전쟁은 독재자가 자기 과신, 잘못된 정보 편향 그리고 조바심에 쫓길 경우 얼마나 큰 실수를 저지르는지 보여주는 좋은 사례라 생각합니다. 특히 우리나라는 북한과 중국이라는 세계 민주주의 척도 최하위권의 나라와 인접했다는 면에서 러시아-우크라이나 전쟁이 많은 부분을 시사합니다.[16]

참고로 《이코노미스트》에서 조사한 2023년 민주주의 지수 세계 최하위는 아프가니스탄이며, 그다음은 미얀마, 북한, 중앙아프리카공화국, 시리아, 투르크메니스탄, 차드, 콩고, 라오스, 수단 순서입니다.

바쁜 어른을 위한 시사점

전쟁 승리에 대한 과한 자신감과 펀더멘탈 약화로 우크라이나를 침공한 러시아. 소련 해체 이후 제조업 및 정보통신 산업 기반이 무너지며 원유 수출에 대한 의존도가 높아졌기에, 중국으로부터의 군수물자 보급으로 간신히 버티고 있습니다. 전쟁은 끝날 기미가 보이지 않고 사망자만 늘어나자 남성들은 징집을 피해 러시아를 탈출하기에 이르죠. 여기에 출생율까지 급락하면 러시아의 미래는 어떻게 될까요? 독재자의 무모한 결정은 국가와 국민의 미래를 망친다는 것, 기억해야 합니다.

TOPIC 5

무적 독일은 어쩌다
'유럽의 병자'가 되었을까

노드스트림 프로젝트 🔍

러시아 천연가스 🔍

디젤 게이트 🔍

중국 전기차 생산 🔍

ECONOMIC NEWS

러, 중국·유럽行 가스관 잇따라 개통… '정치적 이용' 우려도

《연합뉴스》, 2019. 12. 04.

러시아 "미국 제재불구 '노드 스트림-2' 가스관 올해 완공할 것"

《연합뉴스》, 2020. 01. 09.

다임러, 10년 만에 최악 실적… '디젤 게이트'에 순이익 65% ↓

《한국경제》, 2020. 02. 12.

러시아, 가스 공급 줄이며 독일·이탈리아 '압박'

《한겨레》, 2022. 06. 16.

친러·친중이 부메랑 됐다… 수출 줄어든 獨, 31년만에 무역적자

《중앙일보》, 2022. 07. 05.

에너지위기 독일, 카타르서 15년간 200만t씩 LNG 공급받기로

《연합뉴스》, 2022. 11. 29.

마지막 원전 멈춘 독일… 에너지 위기에 결국 석탄발전 돌린다

《중앙일보》, 2023. 04. 16.

40년만에 반전… 내연차 배우던 中, 이젠 독일에 미래차 가르친다

《조선일보》, 2024. 05. 29.

저는 예전부터 유럽의 역사에 관심이 많아, 독일에 관한 여러 권
의 책을 읽었습니다. 특히 2020년 출간된(국내 번역은 2022년) 『독
일은 왜 잘하는가 Why the Germans Do it Better』라는 책이 가장 인상적
이었습니다. 이 책은 독일에 오랫동안 거주한 영국인 기자 존 캠
프너 John Kampfner가 쓴 책으로, 독일에 대한 찬탄으로 가득 차 있
죠. 그 찬양에는 앙겔라 메르켈 Angela Merkel의 리더십에 대한 경탄
과 다른 유럽 국가와 달리 난민을 적극 수용하고 경제성장을 달
성한 것에 대한 경외감 등이 영향을 미친 것 같습니다. 그러나 책
출간 2년 만에 독일에 대한 평가는 극에서 극으로 떨어졌습니다.

세계적인 통신사 블룸버그는 최근 〈산업 강국, 독일의 시대가
저물고 있다〉는 특집 기사를 통해 독일 경제의 민낯을 낱낱이 보

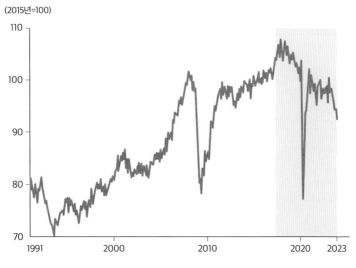

● 독일 산업생산지수 변화

(2015년=100)

출처: German Federal Statistics Office.

여줬습니다.[1] 보통 한 나라의 경제 흐름을 파악할 때는 국가의 모든 산업 분야에서 생산 활동이 얼마나 활발한지를 나타내는 산업생산지수를 참고할 수 있습니다. 위 그래프에 표시한 주황색 박스처럼, 독일의 산업생산지수는 2019년 이후 4년 넘게 하락세를 지속하고 국제통화기금IMF(이하 IMF)은 독일 경제가 2023년 마이너스 성장을 기록한 데 이어 2024년에도 제로 성장에 그칠 것이라고 경고했습니다.[2] 유럽의 성장 엔진 역할을 하던 독일 경제가 어쩌다 내리막에 접어들었는지 살펴보겠습니다.

독일 경제를 무너뜨린
러시아-우크라이나 전쟁

　　한때 선망의 대상이었던 독일 제조업이 무너지게 된 가장 직접적 원인은 2022년 발발한 러시아-우크라이나 전쟁이었습니다. 2021년 완공된 노드스트림 2 파이프라인은 독일과 러시아 간 우호 관계의 상징이었습니다. 약 95억 유로(약 101억 달러) 규모의 이 프로젝트를 통해 러시아에서 독일로 천연가스 수송 용량이 두 배로 늘어날 것이라는 기대를 모았죠.[3] 미국은 러시아의 독재자 블라디미르 푸틴에게 너무 많은 권력을 넘겨준다고 주장하며 반대했지만, 독일은 이 프로젝트를 완강하게 밀어붙였죠. 그러나 2022년 러시아의 우크라이나 침공 이후, 노드스트림 프로젝트는 재앙이 되었습니다.

　　서유럽 국가들은 러시아에 대한 대규모 경제제재에 나섰고, 푸틴 대통령은 노드스트림을 통한 천연가스 공급을 중단하겠다고 위협했습니다. 그리고 2022년 9월, 갑자기 노드스트림 1, 2 파이프라인의 일부가 폭파되었습니다.[4] 일부 유럽 정부는 러시아가 범인이라고 지목했고, 러시아는 미국과

> **러시아 천연가스**
> 러시아는 전 세계에서 가장 큰 천연가스 매장량을 가지고 있습니다. 러시아의 반(半)국영 에너지 기업 가스프롬은 노드스트림, 투르크스트림 등의 송유관을 통해 천연가스를 유럽으로 대량 수출하고 있습니다.

◉◉ 러시아에서 유럽 지역으로 이어지는 파이프라인 현황

출처: The Economist(2021.7.15.).

영국을 비난했습니다. 러시아의 발트해 함대가 폭파 지점에서 남쪽으로 약 300km 떨어진 칼리닌그라드에 위치해 있기에, 러시아에 대한 의심의 눈초리가 가는 것은 어쩌면 당연해 보입니다.

아직도 누가 파이프라인을 폭파시켰는지에 대한 의문은 풀리지 않았지만, 독일 산업계가 재앙을 만난 것은 분명한 사실로 보입니다. 2011년 동일본 대지진으로 인해 발생한 비극적인 원전 사고 이후, 메르켈 정부는 원자력 발전의 위험성을 고려해 원전 폐쇄를 단행했고 2021년 말 마지막 원자력발전소도 문을 닫아버렸습니다.[5] 대신 메르켈 정부는 태양광

> **후쿠시마 원전 사고**
> 2011년 일본 동북부 지방에 발생한 대지진과 쓰나미로 인해 후쿠시마 현에 위치한 원자력 발전소에서 방사능이 유출된 사고를 말합니다. 7등급 사고로서, 1986년 발생한 소련 체르노빌 원전사고와 같은 등급입니다. 이후 원전 부지 내의 토양에서는 핵무기 원료인 플루토늄이, 원전 주변에서는 세슘 등 여러 방사성 물질이 검출되었죠. 이 사고로 원자력 발전의 위험성이 대두되며 세계 각지에서 원자력 발전소를 없애자는 의견이 나왔죠.

및 풍력 발전이 주된 에너지원으로 자리 잡기 전에 러시아산 천연가스로 원자력의 빈자리를 메울 계획이었지만, 러시아-우크라이나 전쟁으로 이 모든 계산이 무너지고 말았습니다.

미국을 비롯한 동맹국들은 러시아에 천연가스를 의지하는 게 문제를 일으킬 수 있다며 수없이 경고했습니다. 그러나 사회민주당SPD(이하 사민당) 정부에 이어 집권한 메르켈 정부도 이를 강행하고 말았습니다. 결국 노드스트림 파이프라인의 폭파 이후 에너지 부족에 대한 공포가 독일 산업계를 휩쓸었습니다. 다행히 2022년 겨울이 따뜻했기에 얼어 죽는 국민이 속출하는 파국을 가까스로 피할 수 있었지만, 에너지 비용의 상승을 회피할 수는

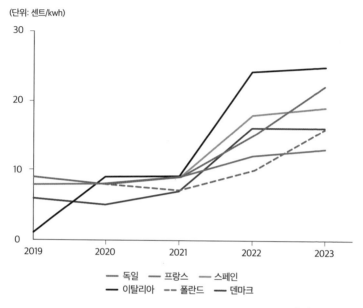

◑ 유럽 주요국의 산업용 전력 요금

(단위: 센트/kwh)

범례: 독일 · 프랑스 · 스페인 · 이탈리아 · 폴란드 · 덴마크

출처: Eurostat.

없었습니다. 독일의 산업용 전력 요금은 유럽 주요국 중 굉장히 높은 편이며, 이는 바스프^{BASF}를 비롯한 세계 유수의 화학 기업들이 포진한 독일 경제에 치명적 악영향을 미칠 요인입니다.

물론 에너지 가격이 계속 상승하기는 쉽지 않습니다. 무엇보다 미국산 액화천연가스^{LNG}의 수입이 늘어나고 있는 데다, 에너지 가격의 상승에 대응해 소비자들도 더 전력 효율이 좋은 제품을 선호할 것이기 때문입니다. 그러나 이런 정도의 변화만으로 독일

경제가 살아날 것인지 단언하기 힘든 또 다른 이유는 바로 중국 때문입니다.

거대 시장이었던 중국이
경쟁자가 되다

오랜 기간 독일과 중국은 우호적 관계였습니다. 세계 최대의 자동차 시장인 중국에서 독일 자동차들은 압도적인 경쟁 우위를 누렸습니다. 제가 국민연금에 다닐 때나 애널리스트 시절 중국을 방문할 때마다 마주한 것은 중국의 도로를 가득 메운 독일제 자동차였습니다. 특히 폭스바겐Volkswagen이 상하이 지역에서 압도적인 점유율을 기록하던 것이 인상적이었습니다.

독일이 중국 시장에서 놀라운 성과를 거둘 수 있었던 가장 직접적인 원인은 대규모 투자 때문이었습니다. 2022년 한 해에만 무려 150억 유로에 이르는 투자가 이뤄질 정도였고, 2010년부터 보더라도 90억 유로 이상을 꾸준히 유지했죠.[6] 이 결과 독일의 대중국 익스포저exposure는 GDP의 10%를 상회하는 수준으로 부풀어 올랐습니다. 익스포저란 무역과 금융 등 각종 거래를 합한 것

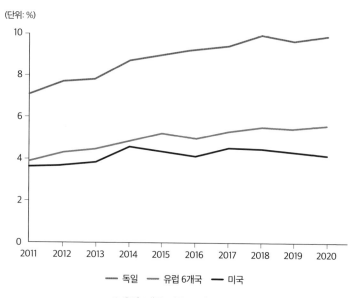

● 유럽과 미국의 대중국 익스포저(실물 및 금융 거래 합산, GDP 대비)

(단위: %)

을 뜻하는데 다른 유럽 국가에 비해 얼마나 독일이 중국에 대해 진심이었는지 알 수 있습니다. 여기까지 보면 독일의 베팅은 대성공인 것처럼 보이지만, 무역에서 한 국가만 득을 보는 관계는 지속되기 어렵습니다.

2015년 발생한 디젤 게이트가 둑을 무너뜨린 첫 번째 균열이 었습니다. 폭스바겐을 비롯한 독일의 자동차 제조사들이 디젤 엔진 자동차의 배기가스 배출량 조작했던 것이 밝혀지며 소비자들의 신뢰를 저버린 데다, 막대한 배상금을 둘러싼 소송을 진행하며 귀중한 시간을 잃어버리고 말았습니다.[7] 이때 테슬라Tesla를 비롯한 일부 혁신 기업들이 전기차의 주행거리를 늘리는 한편 가격을 공격적으로 인하했고, 중국 기업들도 이 흐름에 올라탈 수 있었습니다.[8] 중국의 자동차 회사 BYD는 2023년 4분기에만 52.6만 대의 전기차를 판매함으로써 48.5만 대의 테슬라를 제치고 세계 1위의 전기차 회사로 올라섰고, 최근 발표된 신차 라인업을 감안할 때 쉽게 기세가 꺾일 것 같지 않습니다.[9] 얼마 전 중부 유럽 여행을 했을 때, 곳곳에 BYD의 광고판이 세워진 것도 놀라웠습니다.

둘째로, 코로나19 팬데믹 이후 중국의 내수 경기가 얼어붙은 것도 독일 기업들에게 타격이었습니다. 중국의 소비가 얼어붙고, 제로 코로나 정책으로 공장 가동에 차질을 빚으면서 독일의 자동차 수출에 제동이 걸렸죠.[10] 물론 독일의 BMW와 메르세데스-벤츠Mercedes-Benz 같은 고급 브랜드는 얼마든지 수익을 낼 수 있고, 또 중국 시장 내의 점유율도 견고

BYD

BYD는 전기자동차, 이차전지, 태양광 패널 등을 생산하는 중국의 기업입니다. BYD는 2023년 4분기 테슬라를 제치고 세계 전기차 판매량 1위를 차지했으며, 2024년 1분기에는 테슬라에 밀려 2위를 기록했습니다. 강력한 가격경쟁력을 무기로, 중국은 물론 최근 유럽 시장으로 진출하는 중입니다.

합니다.

따라서 독일이 이대로 무너질 것 같지는 않습니다. 무엇보다 유로화가 약세를 보이며 가격 경쟁력이 확보되는 데다, EU 차원에서 중국 전기차의 공격에 대한 방어벽을 세울 수 있기 때문입니다.[11] 실제로 BYD와 니오Nio 그리고 샤오펑Xpeng 같은 중국 전기차 회사에 대해 EU 당국이 '정부 보조금' 지급의 부당성을 조사한 데 이어, 최대 38%의 관세를 부과하기로 결정했습니다.

잃어버린
독일의 정치적 리더십

그러나 정부 차원의 지원 면에서는 아쉬움이 많습니다. 독일 정치의 혼란이 앞으로 더욱 심화될 가능성이 높기 때문입니다. 다음 그래프는 2019년 이후 독일 주요 정당의 지지율 변화를 보여주는데, 집권당인 사민당 지지율의 하락이 너무나 가파릅니다.[12] 물론 사민당의 지지율이 원래부터 높았던 것은 아닙니다. 2021년 총선에서 기독민주당CDU(이하 기민당) 아르민 라셰트Armin Laschet 의장의 잇따른 실수 덕분에 간신히 승리했기 때문이죠.[13] 따라서 사민당의 지지율 하락은 일시적으

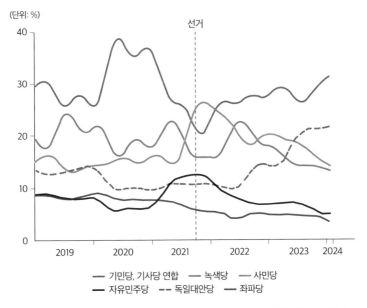

● 2019년 이후 독일 주요 정당 지지율 변화

(단위: %)

선거

범례:
— 기민당, 기사당 연합 — 녹색당 — 사민당
— 자유민주당 -- 독일대안당 — 좌파당

출처: Wahlrecht.de.

로 올라갔던 인기가 제자리를 찾아간 것일 수도 있습니다.

사민당을 비롯한 유럽의 좌파 정당은 국유화 및 재분배 정책을 통해 평등을 추구하는 경향을 보였습니다. 그러나 문제는 이런 정책의 수혜가 이민자들에게 집중된다는 불만의 목소리가 사민당의 가장 강력한 지지 기반인 노동조합에서 제기된다는 것입니다. 따라서 노동조합의 지지에 기반한 유럽 사민당의 강력한 영향력은 쇠퇴하는 반면, 미국처럼 인종 혹은 민족이 투표에 결정적 영향을 미치는 방향으로 움직이는 중입니다. 프랑스의 마린 르 펜Marine Le Pen이나 이탈리아의 조르자 멜로니Giorgia Meloni 같은 극우 정당 지도자들은 강력한 반이민 정책 추진을 외치는 반면, 독일의 사민당은 이민자들에게도 균등한 기회를 제공하자는 입장을 가지고 있으니 말입니다. 이 결과, 전통적인 우파와 극우파의 세력이 강화되는 반면 유럽 좌파의 영향력이 급격히 퇴조되고 있습니다.

그런데 사민당의 몰락으로 가장 큰 혜택을 본 곳이 기민당이나 녹색당이 아니라, 독일대안당AfD(이하 AfD)이라는 것이 문제입니다. 참고로 AfD는 2012년 독일의 남유럽 구제금융에 반대하는 경제학자와 정치인에 의해 창당되었습니다. AfD의 창립자들은 "유로존은 본질적으로 불안정한 체제이며, 일하기 싫어하는 남부의 허약한 국가들 때문에 독일을 비롯한 책임 있는 국가들이 평범한 수준에 머물게 만드는 (잘못된) 제도"라고 주장했습니다.[14] 이때만 해도 AfD는 큰 세력을 얻지 못했지만, 2015년을 전후로 약 150만 명에 이르는 시리아 난민이 유입되면서부터 분위기가 달라졌습니다.

게다가 통일 이후 30년 넘는 세월 동안 상대적 박탈감에 시달리던 동독 지역 주민들이 AfD를 대안으로 선택하면서 급격히 세

2024년 2월, 독일 퀼른에서 수백 명의 사람들이 AfD에 반대하는 시위를 벌이고 있다.

를 불리는 데 성공했죠.[15]

그러나 AfD가 독일 정치의 주력으로 올라서기에는 아직 시간이 필요할 것 같습니다. 사민당이나 기민당 같은 주요 정당들은 극우 정치세력으로 간주되는 AfD와의 연대를 극력 피하는 중이기에, 2025년 선거 이후 정치적인 혼란이 가중될 가능성이 높습니다. 현재 AfD는 반이민 그리고 반세계화 노선만 뚜렷할 뿐, 수권 정당으로서 뚜렷한 정강 정책을 제시하지 못하는 모습입니다.

최근 《이코노미스트》와의 인터뷰에서 알리체 바이델Alice Weidel AfD 공동 원내대표는 "정치인들이 특정 무슬림 인구 집단의 부정적인 측면을 지적해야 한다"라고 지적하며, "범죄율이 치솟고 있으며, 특히 아프가니스탄 출신과 이라크인, 시리아인이 가장 높은 범죄율을 보이고 있다"라고 주장했습니다.[16] 더 나아가 국제학업성취도평가[PISA](이하 PISA)에서 독일 학생들이 저조한 성적을 거둔 것도 제대로 교육받지 않은 비독일권 학생들의 증가 때문이라고 이야기합니다. 그러나 되짚어보면 바이델 공동 원내대표가 무엇을 '하지 말자'는 이야기는 많이 했지만, 에너지 위기와 중국과의 경쟁 격화 문제를 어떻게 해결하겠다는 대안은 제시하지 못하는 것 같습니다.

독일의 경쟁력이
회복되는 날이 올까?

IMF는 2024년 독일 경제가 플러스 성장할 것으로 전망합니다만, 장기 전망은 밝지 않은 것 같습니다.

바이델 공동 원내대표가 지적한 것처럼, 2022년 치러진 PISA 테스트에서 독일 학생들은 선진국 중에서 하위권의 성적을 기록했기 때문입니다.[17] 여러 학자들은 특정 국가 학생들의 PISA 성적과 경제의 장기 성장률 사

OECD
PISA 결과

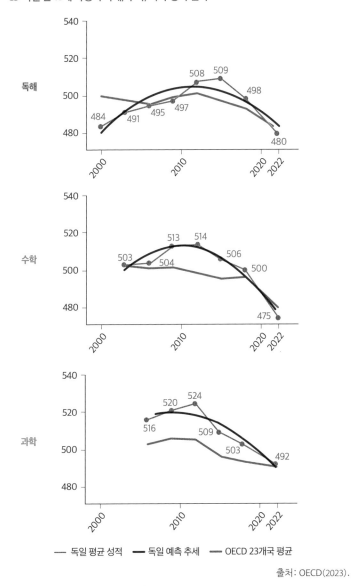

● 독일 만 15세 학생의 독해, 수학, 과학 성적 변화

독해

수학

과학

— 독일 평균 성적　━ 독일 예측 추세　— OECD 23개국 평균

출처: OECD(2023).

이에 밀접한 연관이 존재한다고 지적합니다. 경제의 성장을 이끄는 여러 힘 중에, 인적자원의 질이 개선되는 것만큼 중요한 것은 없다는 이야기죠.[18]

그런데 시리아 및 아프가니스탄 난민의 수용을 억제하고 그들을 쫓아내면 정말 PISA 점수가 개선되고 독일 경제의 미래가 밝아질지, 저는 대단히 의심스럽습니다. 왜냐하면 2015년 대대적인 난민 수용이 있기 전부터 독일 학생들의 수학 및 과학 성적은 건잡을 수 없이 떨어지고 있었기 때문입니다. 즉, 독일 기업들이 활용할 수 있는 노동력의 질은 2010년을 전후해 꾸준히 떨어졌고, 이것이 지금의 불황을 만든 원인일 수도 있습니다.

더 나아가 2015년의 디젤 게이트 사건이 잘 보여준 것처럼, 독일 기업가들이 문제를 해결하기보다 감추고 회피하려는 자세를 가진 것이 진정한 문제라는 생각이 듭니다.[19] 따라서 저는 독일의 미래를 낙관하기 힘든 것 같습니다. 학생들의 성적 저하와 정치적 리더십의 실종, 그리고 기업들의 보수성이 악순환을 일으키고 있다 보기 때문입니다. 특히 인공지능 혁명이 본격화되고 있는데 이 분야에서 두각을 나타내는 독일 기업의 이름을 찾아보기 힘듭니다.

경제의 판도는
언제든 뒤바뀔 수 있다

독일 경제의 현재 상황은 "세상에 영원한 것은 없다"는 교훈을 줍니다. 라이카Leica와 자이스Zeiss로 대표되는 세계 최고 광학 기술의 나라가 ASML 같은 거대 반도체 광학 장비 회사를 만들어내지 못한 이유는 어디에 있을까요?

1990년 독일 통일 이후 발생한 인플레이션을 억제하느라, 너무 오랜 기간 고금리 정책을 유지해 독일 기업들이 제때 투자할 수 없었던 것, 더 나아가 1999년 유로화 시스템 출범 이후, 유럽 경제 통합의 혜택을 만끽하느라 방심했던 것, 2011년부터 시작된 남유럽 재정위기로 독일 정부가 엄청난 부담을 짊어진 것 등이 주요 요인으로 지적될 수 있습니다.

한국 입장에서 독일은 두 가지의 교훈을 줍니다. 첫 번째는 통일의 비용이 생각보다 클 수 있다는 것이죠.[20] 통일 후 30년이 지난 지금, 독일 100대 기업의 최고 경영자 중에 동독 출신은 5%에도 미치지 못한다고 합니다. 반이민 그리고 반외국인 노선을 펼치는 AfD의 강력한 지지 기반이 된 데에는 경제 격차에 대한 불만이 큰 자리를 차지하는 것으로 보입니다.

두 번째는 교육 부문에 대한 효율적인 투자가 필요하다는 것입니다. 한국이 지난 2022년 시행된 PISA에서 높은 성적을 기록한 것은 분명한 사실이지만, 가계의 높은 사교육비 지출 부담에 기인한 바 크기 때문입니다.[21] 공교육 예산이 연 100조 원에 이를 정도로 부풀어 올랐음을 감안할 때, 이 돈이 제대로 쓰이고 있는지에 대한 의문이 제기되는 것은 당연한 일이라 봅니다. 특히 학령인구의 가파른 감소 속에 1인당 공교육 예산이 1억 원에 근접할 수 있다는 점도 감안할 부분입니다.[22] 앞으로 교육투자의 효율성을 높이기 위한 제도적인 개혁이 추진되지 않는다면, 독일처럼 혁신 국가로서의 지위를 잃어버릴 수 있다는 경각심을 가져야 할 것 같습니다.

바쁜 어른을 위한 시사점

원자력 발전소를 폐쇄한 독일은 러시아산 천연가스를 대량 수입할 계획이었는데요. 러시아에서 독일까지 이르는 송유관 노드스트림 1, 2가 폭파되어 버립니다. 독일 산업계가 에너지 부족 공포에 휩싸인 가운데, 산업용 전력 요금마저 급상승했고요. 독일 자동차 회사들이 배출가스를 조작한 디젤 게이트 사건과 코로나19 팬데믹이 발생하며 믿었던 중국 시장은 경쟁자가 되었습니다. 대안도 제시하지 못하고 있는 독일 정부, 독일이 다시 산업 강국으로 우뚝 설 날이 올까요?

TOPIC 6

영국의 EU 탈퇴와
흩어지는 세계

브렉시트   🔍

영국독립당   🔍

파운드 가치 하락   🔍

반이민과 반세계화   🔍

ECONOMIC NEWS

'그렉시트'보다 '브렉시트' 세계 경제 파급력 커… 영국의 도박
《경향신문》, 2015.05.08.

'브렉시트' 세대갈등 증폭… 2040은 "잔류" 5070은 "탈퇴"
《매일경제》, 2016.06.15.

패라지 영국 독립당 대표도 퇴진… 줄줄이 발빼는 브렉시트 리더들
《한국경제》, 2016.07.05.

"브렉시트 '제2 국민투표'하자"… 메이 승부수에 英 의회 '싸늘'
《한국경제》, 2019.05.22.

브렉시트에 텅 빈 英 마트 진열대… "총리 빼고 모두 대가 치러"
《세계일보》, 2021.09.13.

2020년 GDP -9.7%… 브렉시트 그늘 짙어진 英 경제 [세계는 지금]
《세계일보》, 2021.11.06.

'브레그레트'(Bregret)가 된 브렉시트… 경제 활력 사라진 영국
《경향신문》, 2023.01.31.

영국, 작년 3분기 이어 4분기도 역성장… "기술적 경기침체"
《이데일리》, 2024.02.16.

미국과 중국의 관계만 나빠진 게 아니라, 유럽도 새로운 혐오의 시대에 접어든 것 같습니다. 영국의 사례가 가장 대표적이죠. 영국은 군함을 끌고 가 중국을 개항시키고, 자신들의 상품(아편)을 팔아 큰돈을 번 '자유무역'의 나라였습니다. 그러나 2016년 EU를 탈퇴함으로써, 과거와 단절하기에 이르렀죠.

2023년 초 런던에서 한 달 살기를 하던 시절, 리모델링 공사장에서 일하는 사람들은 죄다 동유럽계 백인이고, 슈퍼에서 구할 수 있는 계란과 쇠고기는 모두 덴마크산이었던 기억이 선명합니다. 영국은 노동력과 재화 모두를 유럽에서 조달하는 중이었는데, 어떻게 브렉시트를 단행했을까요?

UKIP이 바꾼
정치 지형의 변화

일단 EU가 무엇인지부터 간단하게 설명하겠습니다. EU는 유럽 국가들 간 상품과 사람의 교류를 촉진함으로써 경제를 성장시키기 위해 만들어졌습니다. 물론 여기에 강력한 경쟁력을 보유한 미국에 맞서 시장을 지킨다는 목적도 있었고, 다시는 유럽 내 국가들 간에 전쟁이 일어나지 않도록 경제적 연대를 강화하려는 의도도 있었던 것 같습니다. 이러한 EU의 설립 목적을 고려했을 때, 영국이 EU를 탈퇴하면 노동자들의 자유로운 이동이 어려워지며 관세가 붙어 유럽에서 만들어진 물건을 구입하는 비용이 높아질 수 있건만, 영국 국민들은 이 위험을 감내하기로 결정했던 것입니다.[1]

먼저 정치적으로는 영국독립당 UKIP(이하 UKIP)의 등장이 결정적 영향을 미쳤습니다. UKIP은 마스트리흐트 조약(EU 출범 협약)에 반대하는 캠페인을 벌인 런던정경대 교수 앨런 스케드Alan Sked가 1993년 창당했습니다. 초기에는

> **마스트리흐트 조약**
> 유럽의 정치, 경제, 통화 통합을 위한 조약입니다. 유럽 중앙은행 설립, 단일 통화 사용, 공동방위정책, 유럽시민규정 등이 핵심 내용입니다. 1991년 12월 네덜란드 마스트리흐트에서 유럽공동체EC 회원국들이 합의했고, 1993년 11월부터 효력을 발휘해 EC는 지금의 EU로 출범하게 되었죠.

미미한 지지율에 그쳤지만, 반이민 정서의 증가와 기성 정당에 대한 반감을 바탕으로 2004년 유럽 의회에서 12석을 차지한 데 이어, 2014년 5월 유

럽의회 선거에서 27% 이상의 득표율을 기록하며 역사적인 1위를 차지했습니다. 더 나아가 2015년 5월 영국 총선에서 UKIP은 13%의 지지를 획득하는 데 성공했습니다.[2]

UKIP 지지율 상승은 노동당과 보수당 등 기존 정당에 일대 위협으로 작용했습니다. 특히 집권당인 보수당이 UKIP 대두에 가장 큰 피해를 입을 상황이었기에, 데이비드 캐머런David Cameron 보수당 총리는 영국의 EU 탈퇴 여부를 묻는 국민투표를 시행하기로 결정했습니다. 국민투표에서 EU 탈퇴가 부결되면, UKIP의 세력이 약화되고 일부 보수당 의원의 탈당을 막을 것이라 예상했습니다. 그러나 2016년 6월 23일 치러진 국민투표 결과, EU 탈퇴가 확정됨에 따라 캐머런 총리는 사임할 수밖에 없었습니다.

브렉시트는 UKIP에게 독이 되어 돌아왔습니다. UKIP의 'EU 탈퇴' 주장이 현실이 된 후, 국민들이 더 이상 그들을 지지할 이유가 사라졌기 때문입니다. 특히 2017년 5월 4일 치뤄진 지방선거에서 UKIP이 140석 이상을 잃은 것이 결정타로 작용했죠. UKIP에서 분리된 브렉시트당(현재의 리폼 UK당)이 반이슬람 노선을 드

2018년 12월 9일, 브렉시트에 찬성하는 UKIP 지도자와 지지자들이 테레사 메이Theresa May 총리가 가져온 브렉시트 협상안에 반발하며 시위를 벌이고 있다. EU와의 관계를 완벽히 청산하는 '하드 브렉시트hard Brexit'가 아니라는 이유다.

러내며 활동하고 있지만, 예전 같은 영향력을 발휘하지는 못하고 있습니다.

UKIP은 왜 그토록
높은 지지를 받았나?

오랫동안 소수파로 머물러 있던 UKIP 이 갑자기 위협적인 정치 세력으로 부각된 이유는 어디에 있을까요? 다양한 요인이 작용했겠지만, 2013년 밝혀진 로더럼 아동 성착취 사건(이하 로더럼 사건)으로 반이민 여론이 형성된 것이 결정적이었습니다.[3] 로더럼 사건이란 1990년대 후반부터 2013년까지 영국 북부의 도시 로더럼에서 발생한 조직적인 아동 성 학대 사건을 뜻합니다. 주동자들은 파키스탄계 이민자로 구성된 갱단이었으며, 조사 결과 약 1,400명의 어린 여성들이 갱단에게 학대를 당한 것으로 밝혀졌습니다.

특히 문제가 된 것은 로더럼 지역의 사법부 및 경찰이 이 범죄에 대해 손을 놓고 있었던 것입니다. 파키스탄계 이민자를 중심으로 폐쇄적인 인종·민족 공동체가 형성되어 있었고, 지역 경찰과 정치인들은 '인종'이 얽힌 문제에 함부로 손을 대기를 두려워했던 것입니다. 심지어 어떤 하원의원은 "피해자들이 입을 다물어야 한다"는 트윗을 리트윗(공유)함으로써 분노를 사기도 했습니다.[4] 결국 지역 인구의 1%가 넘는 여성들이 피해를 입은 데 분노한 지역사회는 2016년 브렉시트 투표에서 67.9%가 '탈퇴' 표를 던지게 되었습니다.

여기에 오랜 기간 지속된 불황도 이민자에 대한 반감을 높이는 계기로 작용했습니다. EU가 출범하면서 거대한 시장에 대한 접근성이 높아지고 경제가 번창할 것이라는 기대가 충만했지만, 현

◑ 영국 경제성장률 및 GDP 대비 재정수지

(단위: %)

경제성장률 — GDP 대비 재정수지

출처: IMF, 프리즘 투자자문 작성.

◑ 2016년 영국 연령대별 브렉시트 여론 조사 결과

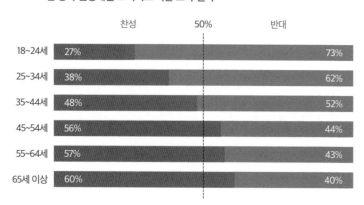

출처: BBC.

실은 전혀 딴판이었던 것입니다. 특히 2008년 글로벌 금융 위기와 2011년 남유럽 재정 위기가 발생하며 저성장 국면이 장기화되자, 영국 국민들의 EU에 대한 태도는 점점 냉담해지기 시작했습니다.

여기에 더욱 불을 지핀 것은 '반세계화' 정서의 확산이었습니다. 유럽과의 교류가 활발한 런던 등 대도시 지역은 세계화 및 자본시장 개방의 효과를 누렸지만, 지방에 거주하는 이들은 소득의 개선을 체감하기 힘들었습니다. 특히 영국의 젊은이들은 브렉시트를 반대했지만, 45세 이상의 사람들은 유로존Eurozone을 떠나길 원했습니다.[5] 나이 든 사람들은 자기 지역에 외국인이 들어와 문화적 동질성을 해치는 것에 대해 강한 반감을 가지고 있었던 것입니다. 여느 선진국과 마찬가지로 영국도 전체 인구 중 나이 든 세대의 인구수가 압도적이었기에, 브렉시트 찬성이라는 결과가 나오고 말았지요.

> **유로존**
> EU의 단일 통화인 유로를 국가통화로 도입하여 사용하는 국가 및 지역을 말합니다. 유로존에는 핀란드, 에스토니아, 라트비아, 리투아니아, 슬로바키아, 독일, 오스트리아, 슬로베니아, 크로아티아, 그리스, 몰타, 이탈리아, 네덜란드, 벨기에, 룩셈부르크, 아일랜드, 프랑스, 스페인, 포르투갈, 키프로스 등 20개국이 가입되어 있습니다. 스웨덴, 덴마크, 폴란드, 체코, 헝가리, 루마니아, 불가리아 등 7개국은 EU에는 속하나 유로를 국가 통화로 도입하지 않았습니다.

브렉시트 이후의
영국 경제

　　　　　보수당과 노동당 등 양대 정당의 예
상과 달리, 브렉시트가 가결된 이후 영국 경제는 많은 변화를 경
험하고 있습니다. 가장 결정적인 변화는 파운드 가치의 하락입니
다. 2016년 브렉시트 이후 파운드의 가치는 약 30% 이상 떨어진
상태이며, 이는 영국의 미래를 어둡게 보는 금융시장 참가자들이
많다는 뜻이 됩니다.

　물론 영국이 세계 각국에 팔 상품을 충분히 가지고 있다면, 파
운드화의 약세는 경제성장을 촉진하는 역할을 하겠지요. 그러나
지난 20년에 걸쳐 영국의 총요소생산성은 0% 상승에 그치고 말
았습니다. 총요소생산성multifactor productivity이란, 노동력과 자본의
투입으로 설명할 수 없는 생산성의 향상분을 뜻합니다. 즉 연구 개
발 등을 통해 새로운 기술을 개발하거나, 혹은 다른 경쟁자들이 넘
볼 수 없는 경쟁의 우위를 확립하는 능력이라고 볼 수 있습니다.

　영국의 과학 분야 경쟁력은 매우 탁월하지만, 이를 제품으로
만들어내는 기업을 찾기는 매우 힘듭니다. 롤스로이스Rolls-Royce
를 비롯한 대부분의 영국 자동차 회사는 폭스바겐이나 상하이
자동차SAIC Motor 등 해외 기업에 팔린 지 오래되었죠.[6] 특히 정

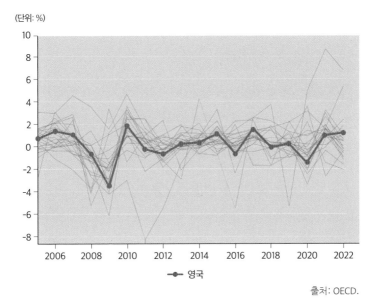

◉◐ OECD 가입 국가의 총요소생산성 증가율

(단위: %)

출처: OECD.

보통신 분야의 세계적 기업 중에 영국 기업을 찾기 어렵습니다. 2023년 말 기준으로 세계 정보통신 분야 100대 기업 리스트에 네덜란드가 4개, 프랑스와 독일이 각각 2개 회사를 올렸지만 영국 기업의 이름은 찾을 수 없습니다.[7]

물론 바이오 및 석유, 금융 분야에서 영국의 지위는 상대적으로 높습니다. 특히 영어 사용이 가능한 데다, 자유로운 금융시장 환경이 장점으로 부각되면서 글로벌 기업의 유럽 본부는 대부분 런던에 위치하는 경우가 많았습니다. 더 나아가 유럽과의 통합으로 식료품 가격이 안정되고, 폴란드 등에서 임금이 싼 근로자들을 대거 들여옴으로써 저물가 저금리 환경이 출현했고 강력한 부동산 가격의 상승을 경험했죠.

그러나 이제 은행이나 투자 등 금융업에서 영국의 미래는 그렇게 밝지 않습니다. 브렉시트 이후 파운드 가치 하락이 지속되고 있어, 자금의 중개와 투자가 활발하게 이뤄지기는 힘들기 때문입니다. 반면 석유 및 바이오 산업은 수출 비중이 높기에, 파운드 약세 혜택을 볼 수 있는 분야임에 분명합니다. 다만 거대한 혁신의 물결이 다가오는 산업이라는 면에서 낙관하기는 힘듭니다. 무엇보다 석유산업은 신·재생 에너지로의 전환 문제에 부딪혀 있는데다, 헬스케어 분야는 획기적인 비만치료제 붐에 영국 기업들이 올라타지 못하고 있다는 게 문제가 됩니다. 결국 브렉시트 이후 영국의 상품 수출은 급격한 감소세를 지속하는 중이며, 특히 대EU 수출이 큰 타격을 받았음이 명확해 보입니다.[8]

파운드 약세가 가져올 긍정적 영향은 크지 않은 반면, 악영향은 명확합니다. 가장 큰 문제는 인플레이션으로, 파운드 약세는 물론

> **비만치료제**
> 글로벌 제약사들이 비만치료제 시장에 주목하고 있습니다. 인슐린 분비 촉진과 혈당 조절 호르몬 GLP-1을 모방하여 만든 위고비는 덴마크 제약사 노보 노디스크를 유럽 증시 시가총액 1위로 올려놨습니다. 이외에도 일라이 릴리와 화이자 등이 경쟁에 뛰어들고 있죠.

유럽과의 교역이 감소한 데 따른 영향이 집약적으로 나타났죠.[9] 일단 외국인 노동자들에게 적대적인 환경이 형성되며 인력 부족이 부각되고 있는 데다, 수입 원재료 가격도 상승했기 때문입니다. 여기에 러시아-우크라이나 전쟁까지 겹쳐, 영국은 다른 유럽 국가보다 훨씬 강력한 인플레이션을 경험하고 말았습니다. 특히 아이러니한 것은 최근 영국이 강력한 이민 붐을 경험하고 있는데, 인구 증가 대부분이 EU 이외 국가 사람들이 차지하고 있다는 점입니다.[10] 외국인의 유입이 싫어 브렉시트에 찬성표를 던졌는데, 2020년대에는 거대한 이민 붐에 의지해 살아가는 처지가 되었으니 말입니다.

이상의 손익을 합산해볼 때, 영국 경제는 2022년까지 '브렉시트가 없었다고 가정할 때'에 비해 약 6%의 성장률 감소를 겪은 것으로 추산됩니다.[11] 가장 큰 타격을 받은 것은 기업의 투자로, 약 11%나 위축되었다고 합니다. 그다음으로 충격을 받은 부문은 상품 교역으로 약 7% 감소했으며, 식료품 물가의 급등으로 인한 소비 부진도 성장률 둔화 원인으로 작용했습니다. 이 결과, 영국 국민들의 브렉시트에 대한 태도도 180도 바뀌었습니다. 2022년 말 약 60% 이상의 영국인이 '브렉시트는 잘못된 결정'이라고 판단합니다.

순간의 정책이
국가의 10년을 좌우한다

　　영국의 브렉시트는 여러 불운, 그리고 해묵은 문제가 함께 만들어낸 '사고'였습니다. "EU를 탈퇴하면 우리끼리 잘살 수 있다"라는 주장을 펼친 일부 정치인, 그리고 세계적인 반이민 흐름 등이 얽혀 만들어내었죠. 그런데 문제는 한국도 이와 같은 사고에서 자유롭지 않다는 데 있습니다.

　　가장 대표적인 사례가 저출생 문제입니다. 2006년 제1차 저출산·고령사회 기본계획을 시작으로, 5년마다 기본계획이 수립되었지만 출생율의 하락이 끝없이 지속되고 있습니다.[12] 장기적인 관점에서 예산이 효율적으로 배정되어도 해결하기 어려운 문제이지만, 정부가 바뀔 때마다 매번 새로운 대책이 만들어지고 흐지부지되는 중입니다. 대통령 5년 단임제라는 정치 시스템의 제약 탓도 있겠지만, 당장 다음번 선거에서의 승리만 보고 달려가는 풍토가 가장 큰 문제라는 생각이 듭니다. 이런 면에서 브렉시트는 우리에게 좋은 반면교사가 아닌가 생각됩니다. 우리라고 브렉시트 같은 '경제적 자살'을 하지 말라는 보장이 없기 때문이죠.

　　2024년 7월 이뤄진 영국 총선에서 노동당이 14년 만에 다수당이 됨으로써, 브렉시트를 유발한 보수당에 대한 심판이 이뤄졌습니다. 그러나 이미 브렉시트 이전으로 돌리기는 어려운 만큼, 노동당 정부의 미래도 그렇게 밝아 보이지 않습니다.

바쁜 어른을 위한 시사점

수십 년에 걸친 이주민의 조직적 아동 성학대 사건과 지속된 불황으로 21세기 영국에는 반이민, 반세계화 정서가 확산되었습니다. EU 탈퇴를 주장하던 극우정당 UKIP이 폭발적 지지를 받았고 영국은 결국 브렉시트를 단행했는데요. 이후 파운드화 가치가 하락하고, 정보통신 분야를 포함한 제조업의 부진으로 상품 수출마저 급감하며 영국의 경제가 무너지고 있습니다.

TOPIC 7

부활하는 일본과
아베노믹스 재평가

일본 경제 부활 🔍

잃어버린 30년 🔍

양적 완화 🔍

슈퍼 엔저 🔍

주택 가격 급등 🔍

ECONOMIC NEWS

아베노믹스는 질긴 고기… "Wait and See(일단 지켜보자)"

《아시아경제》, 2013.06.11.

아베노믹스 또 실패?… '300조원 부양책'에도 여전히 엔고

《한국경제》, 2016.08.02.

아베노믹스에 일자리 늘어… 日 젊은층 '아베 4선'에 긍정적

《한국일보》, 2019.03.28.

월급도 물가도 30년간 안 올라… '나 홀로 디플레' 허덕이는 日

《서울신문》, 2021.11.21.

日 고물가·엔저 쇼크에 10년만에 금융완화 손본다

《매일경제》, 2022.12.18.

'슈퍼 엔저' 日 수출-관광 늘며 경제 회생… 한국 기업, 수출품 가격 경쟁력 악화 비상

《동아일보》, 2023.10.05.

도쿄 도심 신축아파트 평균가 9억 넘었다… 1년새 40% 상승

《서울경제》, 2024.01.26.

일본 증시 34년 만에 최고치 경신… '잃어버린 30년' 탈출 신호탄

《한국일보》, 2024.02.23.

30년이 넘는 이코노미스트 생활, 그리고 스무 번이 넘는 도쿄 방문 덕에 제가 일본에 대해 꽤 알고 있다고 생각했습니다. 그러나 2024년 4월, 5년 만에 도쿄를 방문한 후 '내가 오만에 빠져 있었구나'라는 생각을 갖게 되었죠.

일본의 주요 관광지인 신주쿠와 상업지구 마루노우치 그리고 도쿄의 인공 섬인 토요스 일대를 답사하면서 다른 어떤 나라보다 강력한 경기 호황이 진행 중임을 느낄 수 있었기 때문입니다. 일본의 길거리를 가득 메운 인파는 물론, 도심 곳곳에 끝없이 올라가는 건물을 보면서 어떻게 일본 경제의 부활이 가능했는지 생각해보았습니다.

일본을 뒤흔든
디플레이션

　　　　　현재를 분석하고 미래를 전망하기 위해서는 과거를 알아야 합니다. 다음 그래프는 일본 금융권의 민간 부문 대출 잔액 변화를 보여줍니다. 1990년대 후반부터 2000년대 중반까지 약 15년 동안 대출 잔액이 끊임없이 줄어든 것을 발견할 수 있습니다. **대출이 감소했다는 것은 곧 시중에 풀린 돈이 마르는 것이고, 경제는 이른바 '돈맥경화' 현상으로 허덕이게 됩니다.** 특히 돈의 가치가 상승하는 가운데, 만성적인 디플레이션 현상이 발생한 점이 문제가 되었습니다. 앞으로 물가가 계속 떨어질 것이라고 생각되면 "좀 있다 제품을 구입하자"는 생각을 가지는 사람들이 늘어날 것이며, 이는 기업들의 재고를 늘리고 고용을 줄이는 악순환을 유발하기 때문입니다. 따라서 경제에 한 번 디플레이션이 출현하면, 이를 저지하기가 무척 어려워집니다.

> **디플레이션**
> 인플레이션과 반대로 물가가 하락하고 수요가 감소하는 경기침체를 말합니다. 일본은 1980년대 버블경제가 붕괴된 이후 장기간 불황이 계속되어 '잃어버린 30년'이라 불리고 있죠.

　　　　　그렇다면, 왜 일본 금융기관들은 대출 회수에 나섰을까요? 그 이유는 주택 가격 하락 때문이었습니다. 1980년대 주택담보대출이 급격히 늘었지만, 1991년을 고비로

134

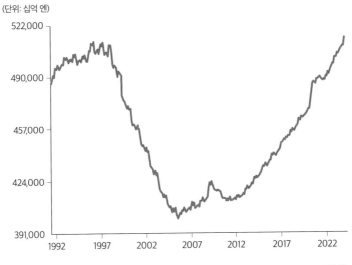

(단위: 십억 엔)

출처: Bank of Japan, TRADING ECONOMICS 작성.

시작된 주택 가격 폭락 사태로 대출이 부실화될 것이라는 공포가 높아졌던 것입니다.

예를 들어, 일본 도쿄에 위치한 단독주택을 10억 원에 매입하면서 9억 원을 대출받은 직장인 A씨를 생각해보겠습니다(LTV 90%). 대출금리가 연 8%까지 급등하는 가운데, 주택 가격이 8억 원까지 떨어졌다면? A씨는 밤잠을 이루지 못하는 날을 보내는 가운데, 여행 계획을 취소하고 새집에 어울리는 차를 장만하겠다는 꿈을 접을 것입니다. 그리고 주택 가격이 7억 원까지 내려가면, 이 모든 노력이 허망하다는 것을 깨닫고 은행의 대출 원리금 및 이자 상환 독촉 고지서 앞에서 개인파산 신청 서류를 작성할지도 모릅니다.

따라서 주택 가격의 하락 흐름이 지속되는 한 일본 금융권의 대출 회수가 지속되며, 경제 전반의 활력이 떨어지는 것은 당연한 일이라 하겠습니다. 이런 연유로 1991년 이후 일본 정부는 주택시장을 회복시키기 위해 많은 노력을 기울였습니다. 그러나 노력의 방향이 잘못되어 있었죠.

고이즈미 정부,
주택공급을 조절하다

과거 일본 정부는 끝없이 경제가 성장하고 인구가 늘어날 것이라는 전제하에 국토의 균형적인 발전을 촉진하기 위해 노력했습니다. 1972년 다나카 가쿠에이田中 角栄 전 총리가 추진했던 '일본열도 개조론'이 대표적인 사례가 되겠습니다.[1] 그는 "인구와 산업의 지방 분산을 통해 과밀 문제를 해결한다"는 주장을 펼치며, 총리의 자리에 오를 정도로 큰 인기를 누렸죠. 그러나 1973년 제1차 석유 위기 발생 이후 저성장 국면이 찾아오면서 일본열도 개조론이라는 아이디어는 물밑으로 내려가고 말았습니다.

열도 개조론의 꿈은 1983년 '테크노폴리스법'으로 다시 살아났습니다. 대도시 이외 지역에 전기, 전자, 기계 등 고도 기술에 기반한 첨단산업을 육성한다는 취지는 좋았습니다만, 전국 각지에 설립된 테크노폴리스의 숫자가 무려 26개에 이를 정도로 많았던 게 문제를 일으켰습니다. 여기에 1985년 플라자 합의로부터 시작된 강력한 저금리 현상까지 겹쳐, 지방에 어마어마한 대규모 건설 프로젝트를 추진하기에 이르렀습니다. 더 나아가, 1987년 이른바 '리조트법'을 제정하여, 일본 42군데 지역에 테마파크와 골프장 그리고 호텔로 구성된 리조트 건설을 촉진하는 정책을 펼쳤죠. 한때 한국 사람들이 즐겨 찾던 나가사키 인근의 관광지, 하우스텐보스도 이때 만들어진 것입니다.

그러나 문제는 정책의 '관성'이 었습니다. 1991년부터 주택 가격이 폭락했음에도 불구하고 지방을 중심으로 대규모 건설 프로젝트가 중단되지 않았던 것입니다. 이 결과, 전국의 연간 주택공급 호수는

플라자 합의
1985년 9월 22일, 미국의 뉴욕에 있는 플라자 호텔에서 미국, 영국, 프랑스, 독일, 일본 등 G5의 재무장관들이 모여 달러화 약세를 유도하기로 한 합의입니다. 달러의 가치를 내리고 엔화 가치를 높이는 것이 목적이었습니다.

(단위: 만 건, 월평균)

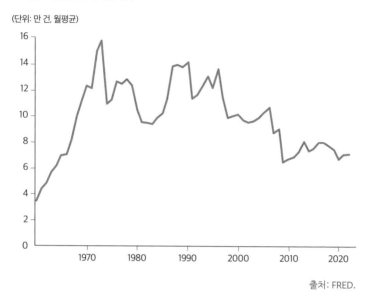

출처: FRED.

1991년 137만에서 1996년 164만으로 오히려 늘어나고 말았습니다. 주택 시장도 다른 시장과 마찬가지로 수요와 공급에 의해 가격이 결정되기에, 공급이 과도해 빈집이 점점 늘어나면 주택 가격의 하락 가능성이 높아지는 것은 당연한 일입니다.

　잘못된 정책 방향을 바로잡은 것은 2001년 4월 집권한 고이즈미 준이치로小泉純一郞 정부였습니다. 고이즈미 정부는 인구 감소 및 저성장 시대의 출현을 사실로 인정하고, 주택 공급을 무분별하게 늘리기보다 기존 도시의 노후 지역을 재생시키는 방향으로 전환했습니다.[2] 고이즈미 총리는 2001년 5월 자신을 본부장으로 하는 도시재생본부를 설치했고 이듬해에는 '도시 재생 특별법'을 통과시키기에 이릅니다.[3] 이 법안의 핵심은 노후화된 건물이나 주택을 새로 지을 때, 획기적인 용적률의 상향 조정을 제공했던 것입니다. 롯폰기힐스나 아자부다이힐스 같은 거대 고층 맨션mansion이 시장의 분위기를 반전시키고 연간 주택 공급 물량이 100만 호를 밑돈 것도 이때의 일입니다.

그러나 주택 공급 축소 노력만으로 일본 주택 가격이 상승세로 돌아서기는 힘들었습니다. 왜냐하면 당시 일본 은행이 인플레이션 위험을 과대평가하며, 2006년부터 다시 통화 긴축정책으로 선회했기 때문이었습니다.[4] 더 불운했던 것은 2007년 말부터 시작된 글로벌 금융 위기로 세계 경기가 얼어붙으면서 일본 수출 기업들의 연쇄적인 도산 사태가 벌어진 것이었습니다. 이 영향으로 일본의 주택 가격은 오르지도 빠지지도 않는 정체 국면이 약 5년간 이어지게 됩니다.

> **긴축정책의 유형과 효과**
> 재정 규모를 축소하여 시장에 풀리는 돈의 유입을 줄이는 정책입니다. 시장의 현금 흐름이 과열되어 물가가 급등할 우려가 있거나 이미 급등하고 있을 때 시행하죠. 재정정책과 통화정책으로 나눌 수 있습니다. 재정정책은 세금을 늘려 기업 및 민간 부문의 투자를 조절하고, 통화정책은 기준 금리를 인상해 유동성을 억제합니다. 대신 경제성장률이 하락하고 실업률이 상승할 수 있습니다.

디플레이션을 잠재운
아베노믹스

지난 30년 동안 일본 경제의 변화를 살펴보면, 정책 실패 외에 불운이 겹쳤다는 생각이 듭니다. 1995년 고베 대지진, 그리고 2011년 동일본 대지진으로 소비심리가 위축된 것은 물론 재정 악화에 대한 공포가 경제를 휩쓸었기 때문이었죠. 일본 국가 부채가 급격히 부풀어 오르면서, 그리스나 이탈리아 등 남유럽 국가처럼 심각한 재정 위기를 겪을 것이라는 우려가 높아진 것은 어쩌면 당연한 일이었습니다. 이때 일본의 아베 신조安倍晋三 총리는 '세 개의 화살'이라는 비유를 들며 무제한적 양적 완화, 대규모 재정정책, 민간 중심 성장을 통한 경제 부흥 전략을 제시하죠. 이것이 바로 아베노믹스입니다.

강력한 통화공급 확대를 주장한 구로다 하루히코黒田東彦가 2013년 3월 일본은행 31대 총재 자리에 오른 것은 부동산은 물론 일본 경제 전체에 전환점을 제공했습니다. 그는 "일본은행이 물가안정이라는 책무를 제대로 수행하지 못했다"고 지적하며, "소비자물가 상승률 목표 2%를 달성하기 위해 최선을 다하겠다"고 선언했던 것입니다.[5]

일본은행의 자산 잔고 변화를 보여주는 다음 그래프를 살펴보

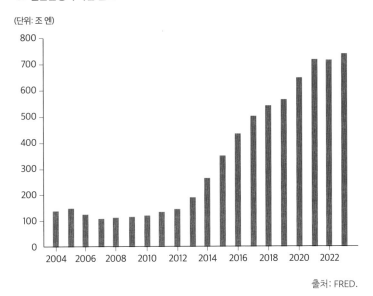

● 일본은행의 자산 잔고

(단위: 조 엔)

면, 2007년 110조 엔에서 2013년 192조 엔으로 상승합니다. 그리고 2021년에는 721조 엔으로 부풀어 오르는 것을 발견할 수 있습니다.

통화공급 확대는 국가 경제에 세 가지 영향을 미칩니다. 첫 번째는 엔화 약세로, 중앙은행이 인플레이션을 유발할 목적으로 돈을 대거 풀 것이라는 예측이 많아지면 '앞으로 가치가 떨어질 엔화를 매도해 수익을 얻자'는 목적으로 외환 거래가 촉발될 가능성이 높아집니다. 이를 가장 잘 보여주는 거래가 바로 '엔 캐리 트레이드$^{Yen carry trade}$'로, 글로벌 금융기관의 도쿄 지점에서 제로 금리로 돈을 빌려 더 높은 이자를 주는 달러나 멕시코 페소 등에 투자하는 거래를 의미합니다. 2024년《블룸버그》의 보도에 따르면, 지난 4년간 엔 캐리 트레이드의 수익률이 나스닥 시장에 베팅한 것보다 더 높았다고 하니 얼마나 매력적인 투자 기회였는지 알 수 있습니다.[6]

두 번째 효과는 금융기관의 경영 수지 개선으로, 일본은행이 시장에서 적극적으로 국채와 ETF(상장지수펀드)를 매수함에 따라 매매차익을 얻을 수 있기 때문입니다. 특히 일본은행은 주식 인덱스 펀드에 투자했는데, 이 때문에 많은 논란이 일기도 했죠.[7] 일본은행은 지난 14년 동안 약 70조 엔(약 4,767억 달러)에 이르는 ETF를 매수했고, 이 덕에 일본 닛케이 225 지수는 1만 엔에서 4만 엔까지 치솟았습니다. 주식 가격의 상승은 기업들의 자금 조달(상장이나 증자 등)을 손쉽게 해주는 한편, 주식을 보유한 개인이나 기관 투자자들의 평가액을 높이는 효과를 발휘합니다.

마지막 효과는 시장 금리 하락으로, 2015년 한때 10년 만기 고정금리 주택 담보 대출 이자가 0.85%까지 떨어졌고 변동 금리 대출이자는 0.50%에 불과했습니다.[8] 금리가 내려가면 주택 구입의 부담이 사라질 뿐만 아니라, 기존에 채권을 보유하던 이들이 큰

다시 활기를 되찾아가는 장기 불황 이후의 일본. 사진은 2024년 신주쿠 교차로의 모습.

시세차익을 누립니다. 예를 들어, 1년 전 발행된 채권 금리가 1% 인데 올해 채권 금리가 0.5%로 떨어진다면 1년 전 발행된 채권의 인기가 높아지고 가격이 상승할 것입니다. 그리고 일본 정부가 발행한 국채의 대부분을 은행이나 보험사 등 국내 금융기관이 보유하고 있으니, 재무구조가 튼튼해지는 부수적인 효과를 누릴 수 있습니다.

이 좋은 정책을 왜 2013년에야 펼쳤는지, 의문이 제기됩니다. 제가 보기에는 정치적인 문제가 제일 컸던 것 같습니다. 중앙은행이 국채와 ETF를 매수하는 게 도덕적으로 지탄받을 행동은 아

닌지, 더 나아가 자칫하다 초인플레이션hyper inflation을 유발하는
것은 아닌지를 둘러싸고 갈등이 적지 않았죠. 특히 2013년 일본
은행이 양적 완화를 단행한 후에도 이에 대한 비판이 적지 않았
던 것이 이를 반증합니다.[9]

모든 주택 가격이
오르진 않았다

앞서 다룬 바와 같이 공급 물량이 줄
어든 가운데 대출금리가 떨어지고, 주식 가격까지 상승하니 일본
주택 시장의 분위기도 달라졌습니다. 제일 먼저 스타트를 끊은
것은 도쿄를 중심으로 한 수도권 지역이었습니다. 특히 도쿄의
신축 타워 맨션(초고층 기둥식 아파트) 가격이 2013년 5,000만 엔을
바닥으로 상승하기 시작해 2023년에는 드디어 1억 엔의 벽을 뚫
기에 이르렀습니다.[10]

인구가 줄어드는데도 불구하고 일본 주택 가격이 급등한 것을
믿지 못하는 분들이 많을 텐데, 저도 직접 보기 전에는 '이게 사실
일까' 의심했습니다. 워낙 오랜 기간 일본 주택 가격이 폭락한다
는 소식을 들었기에, 일본 도쿄 집값이 정말 상승하는지 의심스

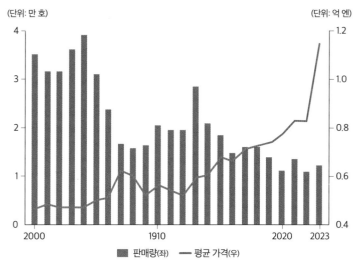

◑ 도쿄 23구 신축 타워 맨션 가격 추이

(단위: 만 호)　　　　　　　　　　　　　　　　　　(단위: 억 엔)

판매량(좌)　　평균 가격(우)

출처:《니혼게이자이신문》(2024.1.25.).

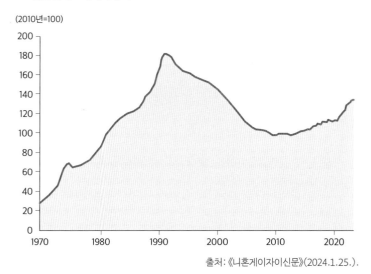

◑ 일본 전국 토지 가격 추이

(2010년=100)

출처:《니혼게이자이신문》(2024.1.25.).

러웠거든요. 일단 도쿄의 타워 맨션 가격이 오른 것은 분명한 사실이지만, 전국적으로 주택 가격이 오르는 것은 아닙니다. 전국 토지 가격은 바닥에서 이제 겨우 30% 남짓 오른 데 불과합니다. 특히 1991년 기록했던 역사적인 고점에 비해서는 아직 20% 이상 낮은 가격에 거래되는 중입니다.

이런 차별화 현상이 나타나는 이유는 두 가지 때문으로 보입니다. 첫 번째 요인은 도쿄를 비롯한 수도권 지역으로의 젊은 인구 유입을 들 수 있습니다. 2024년 발간된 한국은행의 자료에 따르면, 2022년 일본 수도권 인구는 3,687만 명으로 일본 전체 인구의 29.5%를 차지할 뿐만 아니라 총인구가 감소하기 시작한 2009년 이후에도 165만 명 늘어났다고 합니다.[11] 그리고 수도권에 유입되는 인구의 대부분이 15~29세 연령대인 것으로 나타났습니다. 젊은이들이 수도권에 유입되는 원인은 진학 및 취업 목적이 압도적이어서, 세계 최대의 혁신 클러스터(도쿄-요코하마)의 힘을 여실히 보여줍니다.

수도권 집값만 독주하는 또 다른 이유는 일본 베이비붐 세대의 상속 때문입니다. 1940년대 후반에 태어난 1천만 베이비붐 세대가 자손에게 상속하면서 지방에 잠자고 있던 예금이 도쿄로 대거 이동하기 시작한 것입니다.[12] 즉 지방의 건물과 토지를 장기간 보유하던 베이비붐 세대가 세상을 뜨면서, 지방에서는 대규모의 매도 압력이 발생한 셈입니다.

여기에 지방의 빈집 문제도 심각합니다. 버블 붕괴 이후 지방에 대거 건설된 공동주택이 노후화되며, 이 주택들의 관리 문제가 심각한 이슈로 부각되는 중이죠.[13] 빈 상태로 방치되는 단독주택은 소유주에게 관리의 책임을 묻는 식으로 대응이 가능하지만, 공동주택의 빈집 문제는 그렇게 쉽게 대응하기 어려운 면이 있습니다.

> **맨션**
> 한국에서 아파트라고 부르는 고급 공동주택을 일본에서는 맨션이라 칭합니다. 한국의 아파트와 일본의 맨션은 명칭뿐 아니라 공간 설계에서도 문화적 차이가 나타납니다. 한국 아파트는 현관에서부터 개방감 있는 구조로, 거실은 전통 한옥에서 마당의 역할을 대체합니다. 일본의 맨션은 현관으로 들어와 좁은 복도를 지나야 탁 트인 거실을 만날 수 있습니다. 에도 시대 때 건물의 입구 크기에 따라 세금을 매겼던 것이 현대의 건축 양식에도 영향을 미치기 때문입니다.

따라서 앞으로도 수도권과 지방 부동산 사이의 양극화가 더 지속될 가능성이 높은 것 같습니다. 특히 중국 등 해외의 투자자들이 도쿄의 타워 맨션 매수에 나서는 것도 이런 추세를 더 강하게 만들 전망입니다.[14] 그리고 이는 은행들의 대출을 늘리는 결과를 가져오리라 생각됩니다. 은행이 돈을 풀기 시작하면 디플레이션 현상이 완화되고 경제가 활기를 띨 가능성이 높아지겠죠.

경제가 정책을 바꾸고
정책이 경제를 바꾼다

일본의 사례는 정책의 중요성을 잘 보여줍니다. 아무리 심각한 충격이 닥치더라도, 정부가 적절한 정책을 펼칠 수 있다면 얼마든지 극복이 가능하다는 것을 시사하기 때문이죠. 아쉽지만 현재 상황을 보면 한국의 정치권이 1990년대 일본이 했던 실수를 반복하지 않을 것이라고 단언할 수는 없습니다. 인구 감소 경고가 계속되는 가운데 끊임없이 대규모 신도시를 신설하려는 정책들이 이를 반증합니다. 인구 감소 및 저성장 사회의 출현을 인정하고, 신도시 건설을 자제하는 한편 도심 재생을 촉진시키는 방향으로 정책 전환이 이뤄지기를 바라는 마음이 간절합니다.

바쁜 어른을 위한 시사점

연이은 정책 실패로 만성적인 디플레이션을 앓았던 일본이 달라졌습니다. 강력한 통화 공급 정책으로 디플레이션을 해결하자는 경제정책, 이른바 아베노믹스로 엔화 약세, 금융기관 경영 수지 개선, 시장 금리 하락이라는 효과가 일어난 것인데요. 공급 물량이 줄어든 상황과 맞닥뜨려 수도권 중심으로 부동산 가격이 가파르게 상승하고 있습니다. 일본의 사례는 국가 경제에 적절한 정책이 얼마나 중요한지 보여주죠.

TOPIC 8

떠오르는 인도,
중국을 대체할 수 있을까

모디노믹스 🔍

루피화 급락 🔍

2024 인도 총선 🔍

제2의 중국 🔍

힌디 민족주의 🔍

ECONOMIC NEWS

13억 인구가 디지털로 무장⋯ 급부상하는 인도경제
《한국경제》, 2021.10.04.

"이슬람 남편? 안 돼" 힌두 민족주의 거센 인도
《경향신문》, 2021.11.30.

"中 경기 회복 더뎌"⋯ 日·인도 찾는 큰손들
《한국경제》, 2023.06.04.

"인도를 향해 뛰어라"⋯ 빅테크, 릴레이 '러브콜'
《국민일보》, 2023.09.06.

인도 '모디 3기' 초읽기⋯ 中 대체 투자처 급부상
《헤럴드경제》, 2024.03.11.

인도 유권자 10억명 105만곳서 44일간 '지상 최대의 선거'
《문화일보》, 2024.04.19.

인도 증시 시총 첫 5조달러 돌파⋯ 전세계 5위권 등극
《이코노미스트》, 2024.06.18.

'포스트 차이나' 인도 거점 삼는 현대차⋯ 4조대 IPO 추진
《국민일보》, 2024.06.18.

2024년 6월, 세계 최대의 선거가 끝났습니다. 바로 인도 총선 이야기입니다. 선거 결과, 나렌드라 모디^{Narendra Modi} 총리가 이끄는 정당 연합체 국민민주연합^{NDA}의 세 번째 임기가 시작되었습니다. 이른바 모디노믹스^{Modinomics}의 정체를 살펴보는 한편, 인도가 중국을 넘어설 수 있을 것인지에 대해 살펴보겠습니다.

초고속 경제성장을 부른
인도의 개혁 개방 정책

건국 이후 장기 집권에 성공했던 인도의 국민회의당^{INC}은 국영기업이 주도하는 수입 대체 산업화 노선

인도 총선
2024년 인도 총선도 모디 총리의 승리로 끝났습니다. 모디 총리가 이끄는 친기업 성향의 인도국민당BJP은 전체 543석 중 294석을 얻었으나 목표였던 370석에는 못 미쳤죠. 의석 확보가 예측보다 힘들 것이란 불안감으로 개표 이후 인도 증시가 약 6%가량 폭락했으며, 세계적 기업인 아다니 그룹의 주가가 폭락해 시가총액 450억 달러가 증발하기도 했습니다.

을 꾸준히 추진했습니다. 즉, 해외에서 물건을 수입하기보다 국내에서 생산하도록 유도하는 정책을 꾸준히 펼쳤던 것입니다. 오랜 식민 통치 과정에서 면직물 공업이 무너졌던 경험이 있었던 데다, 하나의 국가로서의 정체성을 만들어 나가기 위한 목적이었죠.

특히 건국 이후 동구권(동부 유럽 지역, 폴란드, 루마니아, 헝가리, 알바니아, 불가리아 등 소련의 영향권에 들어있던 지역)과 우호적 관계를 맺으며, 인도 루피화를 이용한 무역이 활성화된 것도 사회주의 색채를 띤 경제정책을 선택한 원인으로 작용했습니다. 그러나 1990년 독일 통일로 동구권과의 교역이 끊긴 데다 걸프전이 발생하면서 중동에서 일하던 인도 근로자들이 대거 귀국길에 오르며 외화 부족 사태가 촉발되었습니다. 중앙은행이 보유하던 금을 잉글랜드은행에 담보로 제공하고 대출받는 등 다양한 수단을 사용했지만, 결국 1991년 외환보유고가 12억 달러까지 줄어들자 IMF의 구제금융을 수용하기에 이르렀죠.

인도는 구제금융을 전후해 강력한 불황이 찾아왔지만, 국제통

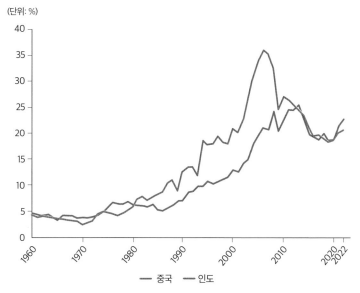

● 중국과 인도의 GDP 대비 수출 비중 추이

(단위: %)

화기금의 요구에 따라 내수 및 금융 시장을 개방하고 외국인 직접투자를 적극 유치하면서 성장의 발판을 마련했습니다. 인도 루피화의 가치가 급락하는 가운데 수출 경쟁력이 개선되었으며, 정부의 개입이 줄어들면서 경쟁이 촉진되고 인포시스Infosys나 타타Tata 그리고 아다니Adani 같은 세계적 기업이 출현하게 되었죠. 그리고 결국 2020년대 이르러 인도의 GDP 대비 수출 비중은 중국을 추월하게 되었습니다.

인도에게 기회로 다가온
중국의 전환

운도 따랐습니다. 다음 그래프는 아시아 주요국 제조업 근로자들의 시간당 임금을 보여주는데, 중국이 시간당 8달러의 벽을 넘은 것을 발견할 수 있습니다.[1] 2000년대 중반을 고비로 중국 정부가 최저임금의 인상에 나선 것이 '고임금' 국가로의 전환을 일으킨 결정적 원인으로 작용했죠.[2] 중국에

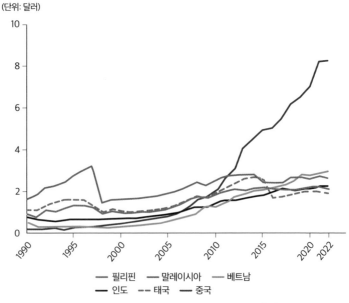

◐ 아시아 주요국 제조업 근로자의 시간당 임금

(단위: 달러)

출처: The Economist.

최저임금 제도가 도입된 것은 1994년이었지만 큰 변화를 보이지 않다가, 2004년 중국 정부가 각 지역에 최저임금 산출 방식을 명확하게 밝힐 것을 규정하면서 폭발적인 인상이 시작되었습니다.

나아가 2018년부터 본격화된 미·중 갈등도 인도로의 직접투자를 증가시키는 결과를 가져왔습니다. 미국의 트럼프 정부가 중국산 제품에 대해 관세를 부과한 데 이어, 바이든 행정부마저 반도체 법Chips and Science Act 등을 제정해 중국으로의 첨단 제품 수출을 봉쇄한 것도 큰 영향을 미쳤죠. 이 결과, 인도로의 외국인 직접투자가 폭발적으로 늘어나기 시작했습니다. 1991년 GDP의 0.03%에 불과하던 외국인 직접투자가 2005년에는 0.89%로 늘어난 데 이어, 2020년에는 2.41%에 이를 정도였습니다.

1970년대 한국이 그러했던 것처럼, 외국인 직접투자의 유입은 경제에 세 가지 선순환을 일으킵니다. 가장 직접적인 효과는 고용 증가로, 인도의 성인 남성 실업률은 2005년 8.6%에서 2022년 4.9%로 떨어졌습니다. 일자리가 늘어나면 각 가정의 소비가 촉진되는 것은 물론 자녀에 대한 교육도 늘어납니다. 외국인 직접투자가 유발하는 두 번째 효과는 기술 습득입니다. 낮은 인건비와 저렴한 토지 가격의 매력에 이끌려 투자를 결정한 기업들이 부딪히는 가장 근본적인 문제는 숙련 기술자의 부족 문제입니다. 이 때문에, 외국인 투자 기업들은 현지에서 근로자를 채용할 때 신중을 기하죠. 쉽게 직장을 옮기지 않을 것으로 보이면서도 상대적으로 교육을 잘 받은 사람을 채용합니다. 그리고 이 과정에서 자연스럽게 기술 이전이 일어나게 됩니다. 물론 기술을 습득한 이들이 경쟁자로 변신할 위험이 있지만, 외국인 입장에서 신속하게 생산성을 끌어올리는 것이 더 급하기에 이 문제는 중요하게 다뤄지지 않죠. 마지막 효과는 정부의 재정 능력 강화에 있습니다. 고용이 늘어나고 외국 투자 기업들이 이익을 내면, 정부가 거둬들이는 세금도 늘어나기 마련입니다. 물론 정부가 늘어난 재원을 어떻게 쓸 것인지를 둘러싸고 많은 논란이 벌어지기도 합니다.

2014년 집권한 모디 내각은 강력한 인프라 투자 계획을 세우고 실천에 옮겼다는 점에서 칭찬받을 가치가 충분하다 봅니다. 인도를 방문한 사람들이라면 누구나 연착이 일상화된 철도와 만성적인 교통 체증에 혀를 내둘렀던 기억이 선명할 것입니다. 그러나 2024년 완공될 델리-뭄바이 고속도로는 기존 12시간에서 6시간 내외로 수송 시간을 단축시킬 것으로 기대됩니다.[3] 특히 모디 정부는 향후 2년간 약 44.4조 루피(약 5,317억 달러)에 이르는 신규 인프라 투자를 계획하고 있는데, 이는 지난 11년 동안 인도에서 실시된 인프라 투자를 모두 합친 것보다 더 큰 규모입니다.

2023년 부분 개통한 인도의 수도 뉴델리와 인도의 대도시 뭄바이를 잇는 총연장 1,350km의 델리-뭄바이 고속도로.

인도의 정체성 힌디 민족주의,
인도를 위협하다

　　　　　　　　　　　IMF 구제금융을 수용한 후, 인도 경제는 가파른 성장세를 기록했습니다. 그러나 자유화 정책 시행 속에 지역간 불균등 발전 문제가 심화되었습니다. 정보통신 산업이 발달한 남부 지역이 자유화의 혜택을 집중적으로 받아 성장한 반면, 상대적으로 인도 북부 지역의 성장이 부진했던 것이 문제로 부각되었죠. 이 틈을 파고든 것이 인도 인민당, 바로 BJP였습니다. BJP는 1951년 설립 이후 노골적으로 힌두 민족주의적 색채를 드러내다 국민회의 정부가 집권하던 1980년에 해체되는 등 여러 우여곡절을 겪었습니다. 그러나 국민회의 정부의 장기 집권에 대한 염증, 그리고 BJP의 힌두 민족주의 이념 완화 등에 힘입어 2014년부터 3번 연속으로 집권하게 되었습니다.

2019년과 2024년 총선에서의 지지 정당 변화를 보여주는 지도를 살펴보겠습니다.[4] 주황색 영역으로 표시된 것이 BJP인데, BJP는 인도 북부의 이른바 '힌디 벨트'에서 압도적인 지지를 얻고 있음을 볼 수 있죠. 특히 파키스탄과 방글라데시 등 이슬람 국가와의 인접 지역에서 높은 지지를 획득한 것을 볼 수 있습니다. 반면 남부 지역, 특히 첸나이를 중심으로 한 인도 남동부 지역은 BJP가 전혀 영향력을 발휘하지 못하는 것을 발견할 수 있죠.

남부의 부유한 사람들이 BJP를 지지하지 않는 이유는 BJP의 집권 기간 동안 힌디 민족주의 움직임이 점점 더 강화된 탓이 큽니다. 2019년 모디 정부는 무슬림이 다수인 잠무카슈미르주의

● 2019년과 2024년 인도 총선에서의 지지 정당 변화

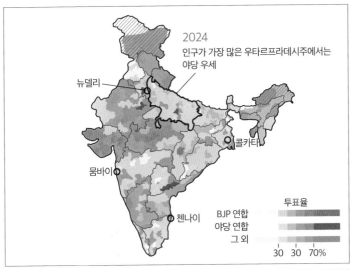

2024
인구가 가장 많은 우타르프라데시주에서는
야당 우세

뉴델리

콜카타

뭄바이

첸나이

투표율

BJP 연합
야당 연합
그 외

30 30 70%

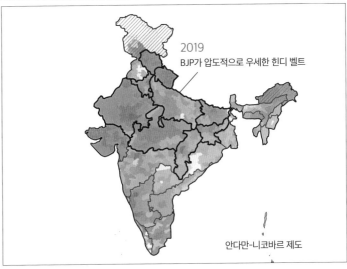

2019
BJP가 압도적으로 우세한 힌디 벨트

안다만-니코바르 제도

※ 모디 총리가 인도 남부에서 대대적인 선거운동을 진행했으나 BJP 진출 실패.
출처: Bloomberg.

자치권을 박탈한 데 이어, 2024년 1월 파괴된 이슬람 모스크 부지에 힌두교 사원을 세우는 폭거를 저질렀습니다.[5] 인도혐오연구소India Hate Lab에 따르면, 2023년 발생한 공개적인 혐오 발언 사건 중 4분의 3이 BJP가 통치하는 주에서 보고될 정도라고 하니 문제의 심각성을 알 수 있죠. 이와 같은 종교적 갈등은 인도를 하나의 나라로 유지할 구심점을 파괴할 것이라는 우려를 높이는 요인으로 지목됩니다.[6]

인도는 중국의 대안이 될 수 있을까?

이제 "인도는 중국의 대안이 될 수 있는가"라는 의문에 대한 답을 내릴 때가 되었습니다. 제가 기업을 경영하는 입장이라면, 인도를 가장 중요한 대안으로 생각할 것 같습니다. 인도는 중국 못지않게 낮은 교육 수준을 가지고 있으며, 정치에 매우 많은 문제가 있는 게 사실입니다. 그럼에도 이 나라에 두 가지의 운이 따르고 있다고 봅니다.

첫 번째 운은 중국의 쇠퇴가 되겠죠. 히말라야의 국경 지대에서 두 나라가 여러 차례 피비린내 나는 충돌을 벌인 사건에서 확

162

인할 수 있듯, 인도는 중국에 대해 강한 라이벌 의식을 지니고 있습니다. 만약 모디 정부가 무너지는 일이 벌어진다고 해도 새로운 정부가 기존의 정책 방향, 즉 개방정책 시행을 중단하고 이전처럼 폐쇄경제로 돌아설 가능성은 매우 낮다 봅니다. 이제 막 중국을 제치고 영광의 시기를 맞이하려는 상황에서, 굳이 다른 성장 경로를 택할 가능성은 낮습니다.

두 번째 운은 인공지능 혁명으로, 인도가 지닌 약점인 낮은 교육 수준 문제를 완화할 가능성이 높다는 것입니다. 인공지능이 세상을 어떻게 바꿀 것인지에 대해 많은 논란이 있는 것은 분명한 사실입니다. 그러나 적어도 현재까지의 인공지능 발전은 '파괴적 혁신disruptive innovation'이라는 말에 적합한 변화를 일으키는 것 같습니다. 대규모 언어 모델에 기반한 다양한 서비스들은 출시될 때마다 정확성이 높아지고, 누구나 손쉽게 새로운 지식을 배울 수 있으며 지식을 활용할 때도 도움을 받을 수 있게 변모하고 있기 때문입니다. 물론 인도가 인공지능 혁명의 주도국이 된다는 이야기를 하는 것은 아닙니다. 다만, 그들이 지니고 있던 약점을 메운 여지가 높은 신기술의 출현을 무시할 필요는 없다는 생각이 듭니다.

인도 경제의 가파른 성장 가능성이 높아진 것은 우리나라 입장에서는 큰 호재라 생각합니다. 당장 삼성전자가 스마트폰 시장에서, 그리고 현대차가 자동차 시장에서 의미 있는 점유율을 지니고 있으며, 인도 내에 한국의 이미지도 나쁘지 않기 때문입니다.

바쁜 어른을 위한 시사점

개혁 개방 정책 이후 인도는 초고속 경제 성장을 이루고 있습니다. 수출 경쟁력이 개선되며 인포시스와 타타 같은 세계적 기업이 출현했습니다. 중국의 임금 상승과 미·중 갈등도 인도로의 직접투자를 증가시켰고요. 힌디 민족주의로 갈등이 심화되고 있긴 하지만 인도는 앞으로도 주목해야 할 뜨거운 투자처임이 틀림없습니다.

TOPIC 9

이스라엘은 왜
전쟁을 멈추지 못할까

팔레스타인 영토 분쟁 🔍

강경파 샤케드 🔍

하레디의 병역 면제 🔍

인텔 🔍

혁신 국가 🔍

ECONOMIC NEWS

팔레스타인 "통합정부 출범"… 이스라엘 "하마스는 안돼" 발끈
《동아일보》, 2014.06.03.

이스라엘에 자율주행 R&D 기지… 인텔, 반도체 6억달러 투자 계획
《디지털타임스》, 2021.05.03.

이스라엘·아랍 4국 중동 새판짜기… 팔레스타인 미루고 '反이란·
反러'
《서울신문》, 2022.03.28.

인텔, 이스라엘에 32조 투자… "삼성 파운드리 추월할 것"
《서울경제》, 2023.12.27.

이스라엘 극우, '화약고' 동예루살렘서 행진… 무슬림 주민 자극
《경향신문》, 2024.06.06.

이스라엘, 하레디 징집 면제에 화났다… "총리 퇴진" 10만명 시위
《중앙일보》, 2024.04.01.

이스라엘은 1948년 건국 이후 시리아, 레바논, 이집트, 이란, 팔레스타인 등 주변국과 상시적인 전쟁 상태를 벗어나지 못하고 있습니다.

1993년 오슬로 협상을 통해, 이스라엘 정부는 팔레스타인해방기구PLO를 팔레스타인 민족의 대표기구로 인정하고 팔레스타인해방기구는 이스라엘 생존권을 인정하기로 상호 타협함으로써 큰 진전을 이루는 듯했지만, 1995년 11월 이츠하크 라빈Yitzhak Rabin 총리가 암살당하고 강경파인 리쿠드당의 아리엘 샤론Ariel Sharon과 베냐민 네타냐후가 연이어 집권하면서 중동 평화의 꿈은 약화되고 말았습니다.[1]

특히 라빈 총리를 암살한 청년을 '구국의 영웅'으로 받드는 일부 이스라엘 사람들의 태도에 저를 비롯한 수많은 사람들이 큰 충격을 받았습니다.[2] 더 나아가 2014년에는 이스라엘의 국회의원인 아옐레트 샤케드Ayelet Shaked가 "팔레스타인의 모든 아이들은 뱀이다. 뱀과 그 어미들은 죽어야 한다"라는 포스팅을 사회관계망 서비스에 올리기도 했습니다.[3] 수많은 이들이 샤케드에게 항의했지만, 그는 "이스라엘의 적들에 대한 '합리적' 태도일 뿐"이라고 시종일관 당당했습니다.

반복되는 전쟁 속에
싹튼 증오

샤케드와 같은 강경파가 세력을 얻은 가장 직접적인 원인은 반복된 전쟁으로 서로 간에 원한이 쌓였기 때문입니다. 제2차 세계대전 중에 벌어진 대량 학살을 피해 유럽에 살던 유대인이 팔레스타인 지역으로 모여들며, 1948년 인구 45만 명을 돌파하기에 이르렀습니다. 문제는 영국이 제2차 세계대전에서 유대인 및 중동 사람들의 지원을 얻을 목적으로 두 집단 모두에게 독립국가 건설을 약속한 데에서 비롯되었죠.

UN은 1947년 11월, 팔레스타인 지역에 유대인과 아랍인이 각

각 그들의 국가를 수립하도록 하는 '팔레스타인 영토 분할안Partition Plan'을 결의했습니다.⁴ 그러나 수천 년 전부터 살고 있던 땅을 빼앗겼다는 분노에 찬 아랍인들이 반발하며 1948년 5월 15일 제1차 중동전쟁(독립전쟁)이 시작되었습니다. 숫자 면에서 절대 열세였던 이스라엘이 이 전쟁에서 승리함으로써 독립국가 건설이 시작되었고, 1956년 10월 이집트의 수에즈운하 국유화에 대항하여 영국과 프랑스가 일으킨 전쟁에 이스라엘이 참여하며 벌어진 제2차 중동전쟁 역시 승자는 이스라엘이었습니다.

1967년 6월에는 이스라엘이 이집트의 시나이반도와 시리아의 골란고원을 공격해 점령한 3차

시오니즘Zionism

독자적인 민족으로서의 유대인 정체성과 고국 팔레스타인에 민족국가를 건설하자는 유대 민족주의 운동을 총칭합니다. 시온Zion은 예루살렘에 있는 한 언덕의 명칭이죠. 신은 이스라엘 민족에게 가나안이라는 땅을 주기로 약속했다고 하는데, 이 가나안은 팔레스타인을 포함해 레바논과 가자 지역, 시리아까지 이르는 땅입니다.

● 1947년 UN의 팔레스타인 영토 분할안에 따른 국경

■ 이스라엘 영토 ■ 팔레스타인 영토

출처: The Economist(2023.10.18.).

◉ 1967년 제3차 중동전쟁 이후의 이스라엘 국경 변화

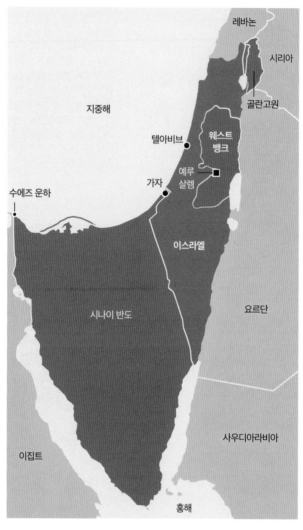

■ 전쟁 전 이스라엘 영토　■ 전쟁 후 이스라엘 영토

출처: The Economist(2023.10.18.).

중동전, 1973년 10월 유대인의 명절(욤 키푸르)에는 이집트가 선제공격을 하면서 제4차 중동전이 시작되었습니다. 제4차 중동전에서 이스라엘은 초반에 곤경을 겪었지만 결국 승리했고, 이로인해 이스라엘의 영토는 비약적으로 넓어졌으며 강경파의 힘은 더욱 커졌습니다.

종교정당의 약진과
정치 지형의 변화

연이은 전쟁 외에, 이스라엘 종교 집단 내의 구성이 달라진 것도 정치 지형을 바꿔놓은 요인으로 작용했습니다. 세큘라Secular부터 하레디에 이르는 주요 종교 집단은 유대교라는 하나의 종교로 묶기에 대단히 큰 차이를 가지고 있습니다. 초정통파 유대교인을 지칭하는 하레디는 삶의 모든 면에서 종교적인 가치를 가장 우선시하며, 하레디 남성은 성인이 되어서도 '토라'라고 부르는 유대교 고대 경전을 공부하며 직장을 갖지 않는 경향이 있습니다.[5] 반면 세속주의 유대교 집단 세큘라는 하느님의 존재 자체를 인정하지 않는 경우도 있고, 심지어 유대교가 이스라엘의 발전에 폐해가 되고 있다고 생각하는 사람

도 포함됩니다.[6]

이외에 하레디보다는 덜하지만 유대교에 충실한 사람들이 다티 Dati입니다. 다티는 '종교적'이라는 뜻으로, 이들은 유대 종교법을 지키고 따르는 점에서 하레디와 크게 다르지 않습니다. 하지만 다티는 사회의 변화를 받아들이며 근대화된 종교인 그룹이라고 볼 수 있습니다. 특히 다티 그룹은 시오니즘, 즉 세계 곳곳에 흩어져 살던 유대인들이 조상의 땅인 팔레스타인에 민족국가를 건설해야 한다는 운동에 지지 의사를 분명하게 밝힌다는 면에서 이스라엘 정치권 중 우파로 분류될 수 있습니다. 마지막으로 '전통적'이라는 의미를 가진 마소르티Masorti 그룹이 있습니다. 외형적으로만 보면 유대교의 원리를 따르는 것으로 보이지만, 다티 그룹에 비하면 훨씬 더 개방적인 편이라고 합니다.

일단 양극단에 위치한 유대교 집단, 하레디와 세큘라에 집중해 보겠습니다. 두 그룹의 차이를 가장 잘 보여주는 지표는 바로 출산율로, 그래프에 나타난 것처럼 하레디 여성은 평균 6.6명의 아이를 낳고 있습니다. 과거에 출산율이 가장 높았던 아랍인(무슬림,

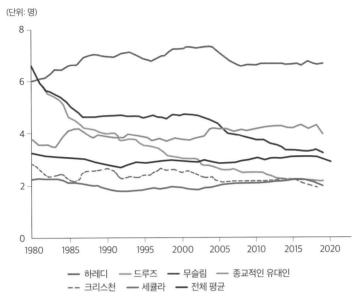

● 1980년 이후 이스라엘 주요 종교, 인종 집단별 출산율(여성 1인당 평균)

(단위: 명)

범례: — 하레디 — 드루즈 — 무슬림 — 종교적인 유대인
- - 크리스천 — 세큘라 — 전체 평균

※ 세큘라는 세속주의 유대교인, 하레디는 초정통파 유대교인, 무슬림(Muslim)은 이슬람교도, 드루즈(Druze)는 시리아, 레바논, 이스라엘에 거주하는 민족종교 집단, 종교적인 유대인 (Religious Jews)은 세큘라와 하레디 사이에 위치한 다티와 마소르티 그룹 유대교인, 크리스 천(Christians)은 기독교도를 뜻한다.

출처: The Economist(2022.8.18.).

이스라엘 전체 인구의 약 23%) 여성의 출산율은 가파른 하락세를 보여, 1960년 9.3명에서 2022년에는 3.0명으로 떨어졌습니다. 한때 네타냐후 이스라엘 총리는 "아랍인의 출산율이 '유대인을 위한' 이스라엘을 위협하고 있다"라고 한탄했지만, 현실은 정반대로 흘러가고 있습니다.

반면 여성들의 사회 참여가 활발하며 대부분이 병역의무를 지는 세속주의 유대교 집단인 세큘라의 출산율은 주요 인구 집단 중에 가장 낮은 2명 수준에 그치고 있습니다. 이스라엘의 출산율이 OECD(경제협력개발기구) 가입 국가 중에서 가장 높은 수준이다 보니, 이스라엘의 육아 휴가는 특별히 관대하지 않으며 육아 비용도 저렴하지 않습니다(2021년 기준, 이스라엘의 출산율은 3.0명 수준). 특히 군복무 부담으로 인해 결혼연령이 늦어지는 것도 이 집단의 출산율을 낮게 유지시키는 원인으로 작용하는 것 같습니다. 마지막으로 한국과 마찬가지로, 이스라엘에서 혼외 출산을 부도덕한 일로 간주하는 문화가 지배적이라는 것도 출산율을 낮추는 요인으로 작용하고 있죠.

모든 갈등의 씨앗이 된
하레디의 군복무 면제

최근 이스라엘 젊은이들에게 군복무는 매우 중요한 이슈입니다. 이스라엘은 남성 30개월, 여성 24개월의 의무 군복무 제도를 시행하고 있는데, 몇 가지 예외 조항이 갈등의 씨앗이 되고 있다고 합니다. 첫 번째 예외 조항은 임신

2024년 3월, 초정통파 유대교인인 하레디들이 군복무에 반대하며 시위를 벌이고 있는 모습.

과 육아 상태에 있는 여성에 대한 면제로, 하레디 여성의 평균 초혼 연령이 22세이기에 대부분 군면제 대상이 됩니다. 더 나아가 하레디 남성은 이스라엘 초대 총리인 다비드 벤구리온David Ben-Gurion이 도입한 정책, 즉 유대교의 전통 경전인 토라를 공부하는 종교학교(예시바) 학생들에게 적용된 군면제 조항의 혜택을 받고 있습니다.

이스라엘 대법원은 2012년 초 하레디의 병역 특례가 위헌이라고 판결했지만, 정치가 문제를 일으켰죠. 높은 출산율 덕분에 이스라엘 전체 인구의 13% 이상으로 부풀어 오른 하레디는 자신의 종교 정당에 집중 투표함으로써, 캐스팅보트를 잡는 데 성공했던 것입니다.[7] 이스라엘의 리쿠드당과 사회당 등 어느 정당도 과반 의석을 점유하지 못했음에도, 샤스Shas와 유대교 토라 연합UJT 등 하레디 정당과 연립정부를 수립한 덕분에 리쿠드당의 네타냐후 가 총리의 자리에 오를 수 있었습니다. 그리고 연립정부는 종교 학교 학생들에 대한 징집 할당 제도를 신설하는 대신, 유예기간 을 설정한 후 끝없이 연장하는 중입니다.[8]

더 큰 문제는 하레디 정당들이 인접 국가와의 화해 협력 정책 에 대해 강한 반대파로 행동하는 데 있습니다.[9] 네타냐후 정부의 국가안보 장관 이타마르 벤그비르Itamar Ben-Gvir는 "2024년 3월 10일부터 시작되는 이슬람 라마단 기간 동안 서안지구의 팔레스 타인 주민들이 예루살렘 성전산聖殿山, Temple Mount에서 기도하는 것을 금지해야 한다"라고 주장했습니다.[10] 참고로 예루살렘 구시 가에 위치한 성전산은 기독교뿐만 아니라 이슬람교에서도 메카 에 이은 중요한 성지입니다.[11] 나아가 하마스-이스라엘 전쟁 시 작 전인 2023년 3월 19일, 베잘렐 스모트리히Bezalel Smotrich 재무 장관은 프랑스 파리에서 "팔레스타인 정체성이란 건 없다. 왜냐 하면 팔레스타인 사람이란 없기 때문"이라고 말한 바 있습니다.[12] 참고로 두 사람 모두 극우 정당 및 종교 정당의 지도자로, 집권당

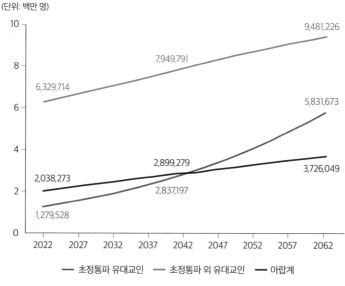

● 이스라엘의 종교 집단별 인구 전망

(단위: 백만 명)

출처: The Israel Democracy Institute(2022.12.31.).

범례: 초정통파 유대교인 · 초정통파 외 유대교인 · 아랍계

인 리쿠드당의 주요한 연정 파트너입니다.

군복무는 하지 않으면서 대외적인 강경파로 행동하니, 이들에 대한 불만이 고조되는 것은 당연한 일입니다. 그러나 당분간 이들 초정통파 종교 정당의 위세가 꺾이지는 않을 것 같습니다. 이스라엘 국회는 100% 비례대표제로 구성되어, 2009년 75만 명에서 2020년 128만 명 그리고 2033년 200만 명 이상으로 늘어날 하레디 종교 정당의 기세가 높아질 것이기 때문이죠. 따라서 앞

으로도 이스라엘은 평화 정착보다는 더 많은 땅을 원하는 나라로 행동할 가능성이 높아 보입니다.

혁신 국가 이스라엘의
흔들리는 미래

만성적인 전쟁 상태가 이어지고, 초정통파 유대교인들의 세력이 강화되는 상황에서 '혁신 국가'로서의 이스라엘의 미래는 매우 어둡습니다. 1948년 이후 이스라엘이 전쟁에 연전연승하고 지속적인 경제성장을 달성할 수 있었던 이유는 바로 반도체를 비롯한 첨단 기술 산업의 번영 때문이었습니다. 1974년 세계적인 반도체 회사 인텔Intel이 이스라엘 하이파에 연구 개발 센터를 설립한 것이 결정적 계기였죠.

도브 프로먼Dov Frohman 인텔 부사장은 나치 독일의 초대 퓌러, 아돌프 히틀러Adolf Hitler에게 부모님을 잃은 경험을 가지고 있었고, 1973년 벌어진 중동전을 기점으로 이스라엘에서 여생을 마치기로 결정했습니다. 인텔은 프로먼 같은 인재를 놓칠 수 없다는 판단 아래, 이스라엘에 연구 개발 센터에 설립하고 1985년 반도체 공장을 건설했습니다. 특히 프로먼 부사장은 1991년 걸프전 당시 이스라엘에 미사일이 떨어지는 중에도 본사의 '철수 권고'를 물리치고 연구에 몰두했던 것으로도 유명합니다.

이런 상황에서 최근 미국 젊은 이들 사이에서 고조되는 반이스라엘 감정은 큰 문제가 될 수 있습니다.[13] 미국 유대인의 대부분이 도

> **인텔**
> 인텔은 미국과 유럽, 이스라엘에 반도체 생산시설을 추가로 건설하거나 확장하고 있습니다. 2023년에는 가자지구와 30km 떨어진 키르얏 갓 지역에 새 공장을 짓기로 합의했죠. 투자 비용은 250억 달러, 한화로 32조가 넘습니다. 그동안 글로벌 파운드리 시장에서 10위권 밖이었던 인텔은 공격적인 투자로 다시 빛을 볼 것으로 예측됩니다.

브 프로먼 같은 아슈케나즈계이기 때문입니다. 중부 유럽에 살던 유대인들을 아슈케나즈라고 부르는데, 이들은 미국 유대인의 압도적인 다수를 차지합니다. 참고로 하레디의 주축은 남유럽과 중동 지역에 거주하는 유대인 분파인, 스파라드 및 미즈라흐계입니다. 혁신 국가로서의 이스라엘을 만든 아슈케나즈계 유대인 입장에서 볼 때, 최근 이스라엘의 정치 및 인구 지형의 변화는 그리 달갑지 않을 것 같습니다.

이스라엘 상황은 한국에 많은 시사점을 제공합니다. 한국도 출생아 숫자가 빠르게 줄어들면서 점점 더 이주민에게 의지할 가능성이 높기 때문이죠. 당장 2024년부터 16만 5,000명에 달하는 이주노동자를 채용할 계획입니다. 이 영향으로 2022년에는

165만 명이었던 외국인 수가, 2042년에는 285만 명으로 늘어날 전망입니다.[14] 그리고 이주민들은 출산율이 높은 경향이 있기에, 우리도 이스라엘 비슷한 일을 겪게 될 위험을 배제할 수 없습니다. 다문화 사회가 된다는 것이 무조건 나쁜 것은 아닙니다. 다만 이스라엘처럼 권리와 의무는 다하지 않으면서 대외적인 강경파로 행동하는 이들이 늘어나지 않도록 미리 대비하자는 생각입니다.

바쁜 어른을 위한 시사점

제2차 세계대전 때 중동 아랍인과 유대인 집단 모두 영국으로부터 독립 국가 건설을 약속받았습니다. 서로 땅을 빼앗겼다는 생각에 이스라엘과 중동 국가 간 끊임없는 전쟁이 시작됐죠. 이스라엘은 유대인 정체성의 강조와 민족국가 건설을 추구하는 초정통파 종교 정당의 위세가 강력합니다. 종교적 특성으로 군복무를 면제받아 자국 내에서도 갈등이 상당한데요. 국가 안팎으로 갈등이 계속되는 이스라엘에 언제쯤 평화로운 날이 찾아올까요?

TOPIC 10

인플레에 빠진 브라질과
아르헨티나의 경제 실험

브라질 국채 폭락   Q

헤알화 약세   Q

초인플레이션   Q

아르헨티나 재정 긴축   Q

ECONOMIC NEWS

부패스캔들·긴축반대에 브라질 '흔들'… 헤알화 11년來 최저
《이데일리》, 2015. 03. 10.

[아르헨 IMF 구제금융 신청] 긴축 악몽에도 또 손 벌려… '신흥국 위기설' 고조
《서울경제》, 2018. 05. 09.

10년 국채 금리 역대 최저… 삼바춤 추는 브라질 채권
《서울경제》, 2019. 07. 11.

PB 믿고 투자했는데 9년간 -60%… 브라질 국채 '악몽'
《머니투데이》, 2020. 05. 27.

브라질 인플레이션 21년래 최고… 휘발유 가격 31% ↑
《뉴스1》, 2021. 09. 10.

'기준금리 연 133%'… 대선 앞두고 무너지는 아르헨티나 경제
《한국경제》, 2023. 10. 13.

밀레이 '전기톱 긴축' 나서자… 아르헨, 2008년 이후 나라 곳간 첫 '흑자'
《매일경제》, 2024. 04. 23.

역대급 인플레이션 겪는 아르헨티나, '1만페소' 초고액권 지폐 유통 시작
《세계일보》, 2024. 05. 08.

브라질 국채 투자에 이목이 쏠린다는 뉴스 기사를 보며, 10여 년 전 기억이 떠올랐습니다. 제가 모 은행의 이코노미스트로 재직하던 시절, 가장 인기 있는 상품이 브라질 국채였기 때문입니다. 그때 당시에도 브라질 국채는 10%에 이르는 높은 이자와 헤알화의 강세 덕분에 인기가 폭발했고, 그로 인해 브라질 정부는 자국 채권을 매입하는 외국인 투자자들에게 고율의 세금을 부과할 정도였습니다.[1]

그러나 영광의 시간은 너무나 짧았죠. 2012년을 고비로 브라질 헤알화 환율이 급등하는 가운데, 브라질 국채의 원화 표시 가격이 폭락했기 때문입니다. 먼저 헤알화 환율이 어떻게 변화했는지 그래프를 살펴봅시다.

지난 30년 동안의 달러-헤알 환율 변화

(단위: 달러/헤알)

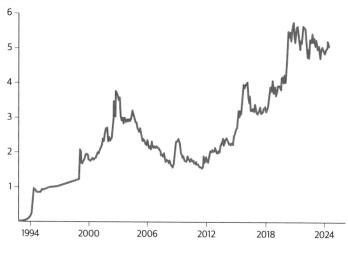

출처: TRADING ECONOMICS.

위 그래프는 지난 30년 동안의 달러에 대한 헤알화 환율을 보여주는데, 2012~2021년 사이에 환율이 3배 이상 뛰어오른 것을 발견할 수 있습니다. 달러의 가치가 급등했으니, 헤알화의 가치는 3분의 1 수준으로 떨어진 셈입니다. 만일 어떤 이가 2012년 브라질 헤알화 채권에 투자했다면, 그는 '비자발적인 장기 투자자'가 되었겠죠. 여기에 각종 세금과 수수료를 감안하면, 아마 지금까지 원금을 회복하지 못했을 가능성이 높습니다.

끝없는 인플레이션
헤알화 가치를 떨어뜨리다

그렇다면 헤알화의 가치는 왜 지속적으로 떨어지는 것일까요? 직접적인 이유는 만성적인 경상수지 적자 때문입니다만, 그 바닥에는 인플레이션 문제가 자리 잡고 있죠. A국의 물가가 지속적으로 오르는 반면, B국의 물가가 안정되어 있다면 누구나 물가가 안정적인 B국의 화폐를 가지려 노력할 가능성이 높습니다. A국 화폐는 실시간으로 가치가 떨어지는 중이니, 오래 보유할수록 손해가 될 것이기 때문이죠. 이 비유에서 A는 브라질, B는 미국이나 일본 같은 선진국이 되겠습니다. 따라서 브라질의 인플레이션이 진정되지 않는 한, 브라질 헤알화 가치는 계속 떨어질 가능성이 높겠습니다.

브라질 경제가 만성적인 인플레이션에 시달리는 이유는 크게 두 가지 요인 때문입니다. 첫 번째는 통화공급량이 경제성장에 비해 지나치게 많습니다. 1994년 이후 40년 동안 연평균 총통화 공급 증가율은 16%를 넘어섰는데, 같은 기간 실질경제성장률이 단 2.4%에 불과했습니다. 돈이 충분히 공급되면 좋은 일이지만, 경제성장보다 훨씬 더 빠르게 돈이 풀리면 문제를 일으킵니다. 일본은 은행들이 대출을 회수하면서 디플레이션이 발생했다면,

브라질은 시중에 돈이 너무 많이 풀리니 인플레이션을 일으킨 것이죠. 특히 브라질 사람들은 오랜 기간 초인플레이션, 즉 월 20% 이상의 물가 상승 현상을 경험한 적 있었기에, 정부가 발행한 화폐에 대한 신뢰가 약했죠. 그 결과 월급만 받으면 신속하게 식료품을 사두는 게 습관화되었다고 합니다.

인플레이션이 발생하는 두 번째 원인은 생산성 격차 때문입니다. 생산성이란 근로자 한 명이 얼마나 많은 재화나 서비스를 생산해냈는지를 측정한 것입니다. 생산성이 연 3% 이상 높아지는 B국이 있고, 반대로 생산성이 연 1%도 오르지 않는 A국이 있다면 어떤 나라의 미래가 밝을지 금방 짐작될 것입니다. 물론 이 사례에서도 B국은 미국 같은 혁신 국가이고, A는 브라질입니다. 생산성이 향상되지 않으면, 기업들은 제품 가격을 인하할 능력을 갖기 힘들죠. 더 나아가 임금 상승률이 생산성 향상 속도를 넘어선다면, 제품 가격을 인상하지 않을 방법이 없죠.

이 두 가지 문제가 서로 얽혀 브라질의 인플레이션을 일으킵니다. 생산성이 떨어지는 기업들을 보호할 목적으로 브라질 정부가

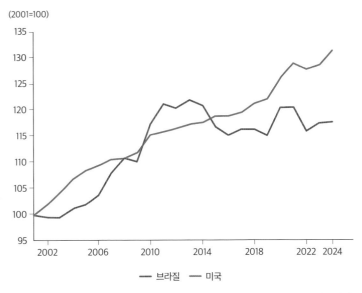

출처: ILO, 프리즘 투자자문 작성.

수입관세를 대거 부과한다면 수입 제품의 가격이 급등하는 결과
를 가져올 것입니다. 더 나아가 인플레이션 때문에 실질적인 소
득이 줄어든 근로자들에게 보상해줄 목적으로 정부가 재정지출
을 확대하는 것도 인플레이션 압력을 높이는 요인으로 작용할 수
있습니다. 실제로 브라질의 재정 수지, 즉 세금 수입과 재정지출
의 차이는 만성적인 적자 상태에 빠져 있습니다.

　따라서 인플레이션을 바로잡기 위한 노력이 없는 한, 브라질의

인플레이션은 진정되기 힘들 것이며, 헤알화의 약세가 앞으로 지속될 가능성도 높은 것 같습니다. 그렇다면 브라질은 어떻게 해야 인플레이션을 억제할 수 있을까요? 아직 판단하기는 이르지만, 아르헨티나에서 벌어지고 있는 경제 실험이 그 답을 제공하는 것 같습니다.

인플레이션을 막기 위한 아르헨티나의 경제 실험

만성적인 초인플레이션에 시달리는 아르헨티나의 새로운 대통령, 하비에르 밀레이Javier Milei는 2024년 초 취임과 함께 대대적인 개혁 조치를 발표했습니다.[2] 밀레이는 2024년 12월 10일, 파산 직전의 경제를 물려받았습니다. 아르헨티나의 페소화 가치는 끝없이 떨어졌고, 외환보유고는 고갈되었으며 IMF에 430억 달러를 빚지고 있는 상태였죠.

과거 아르헨티나 정부는 정부 지출을 늘려 국민들에게 돈을 나눠주는 데 열을 올렸고, 부족한 돈은 아르헨티나 중앙은행이 인수하는 방식으로 해결했습니다. 정치인들은 돈으로 유권자를 매수하고 중앙은행은 윤전기를 돌려 국민들에게 지급했던 셈입니

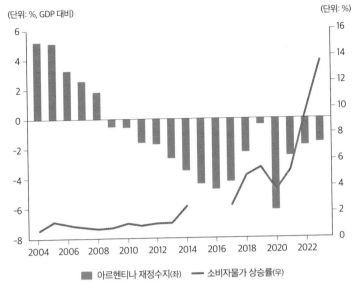

● 아르헨티나의 재정 수지와 소비자물가 상승률

(단위: %, GDP 대비)   (단위: %)

■ 아르헨티나 재정수지(좌)   — 소비자물가 상승률(우)

※ 2014~2015년 아르헨티나 소비자물가 상승률은 통계의 신뢰성 부족 등의 이유로 제공되지
않음.

출처: IMF, 프리즘 투자자문 작성.

다. 경제에 필요한 수준보다 더 많은 돈이 풀리니, 인플레이션이

발생하는 것은 정해진 수순이었습니다.

  그리고 인플레이션이 발생하는 나라의 기업 경쟁력마저 약화

되자 막대한 경상 적자가 발생했습니다. 이런 꼴을 본 외국인 투

자자들이 투자금을 빼내면서 외환보유고가 고갈되었고, 아르헨

티나 정부는 IMF에 달려가서 구제금융을 받는 일이 끝없이 반복

되었습니다.

여기까지 읽은 독자분들은 아르헨티나가 브라질의 매운맛 버전임을 알 수 있습니다. 그러니 아르헨티나 신임 대통령의 해법이 성공적인 것으로 판별된다면, 브라질에도 얼마든지 적용될 수 있죠. 나아가, 아르헨티나의 해법을 브라질이 수용하지 않는다면 '브라질은 변화가 없다'라고 판단하고 지금이라도 브라질에 대한 투자 포지션을 정리하면 될 일입니다.

밀레이가 선택한 돌파구, 역대급 재정긴축

밀레이가 추진하는 경제정책의 핵심은 재정긴축입니다. 방만한 재정지출이 끝없는 인플레이션의 근원이라고 판단한 후, 2024년 초 그 스스로가 "인류 역사상 최대 규모"로 칭송하는 예산 삭감을 단행했습니다.[3] 이번 예산 삭감은 아르헨티나 GDP의 약 4%에 해당하는 규모로, 중앙은행 관계자들이 지난 수십 년 동안 전 세계에서 시행된 모든 예산 삭감의 90%보다 더 큰 규모라고 추정할 정도였습니다.

덕분에 외환시장에서 아르헨티나 페소화의 가치는 3달 만에

30% 상승했습니다. 아르헨티나 초인플레이션의 핵심 경로가 아르헨티나 페소화 가치의 하락에 있었음을 감안할 때, 인플레이션의 위협이 크게 후퇴했다고 볼 수 있습니다. 그럼에도 불구하고 아르헨티나 경제를 낙관하기에 아주 큰 걸림돌이 있으니, 밀레이가 정치적으로 소수파라는 점 때문입니다.[4]

어느 나라나 예산의 편성은 국회의 권한입니다. 밀레이가 강력한 재정 긴축정책을 밀고 나가려면 국회의 동의가 필요합니다. 예를 들어, 아르헨티나 기업들에게 제공되었던 넉넉한 보조금 지급을 중지하고 시장을 개방하는 것은 의회의 지원이 필요합니다. 문제는 밀레이의 신생 정당이 15% 미만의 의석을 차지하고 있다는 것입니다. 밀레이는 기성 정치권에 반대하는 캠페인을 벌임으로써 대통령에 당선되었기에, 국회에서의 영향력이 제약되는 것은 당연한 일입니다.

물론 밀레이 대통령의 높은 인기가 유지되는 동안에는 재정 개혁이 지속될 가능성이 높습니다. 문제는 그의 인기가 빠르게 식어버릴 위험이 높다는 것입니다. 정부

> **메르코수르Mercosur**
> 밀레이 정부는 수입 규제 철폐 후 메르코수르 회원국 중심으로 시장 개방의 포문을 열고 있습니다. 메르코수르는 남미의 최대 경제 협력체입니다. 역외 수입 제품에 대한 대외 공동 관세, 회원국 간 무역에서 비관세 혜택, 경제정책 협조 등을 꾀하며, 2019년 EU와 자유무역협정을 타결했습니다. 그러나 아르헨티나 산업계는 시장 개방에 강하게 반발하고 있죠.

의 보조금에 의지하던 기업가나 생계에 필요한 돈을 정부에 기대고 있던 빈곤층은 언제든 밀레이에 대한 지지를 철회할 수 있습니다. 다행히 아르헨티나의 물가 상승률이 둔화되고 있습니다만, 기대만큼 경제개혁이 성과가 크지 않을 때는 언제든 밀레이 대통령의 개혁이 추진력을 잃을 수 있습니다.

따라서 아르헨티나의 거대한 경제 실험은 아직 성패를 논하기 힘든 상황 같습니다. 원유 가격이 하락하는 대신, 아르헨티나의 곡물 가격이 상승하는 것 같은 행운이 찾아온다면 성공할 가능성이 비약적으로 올라갈 수도 있기 때문입니다. 2000년대 후반 브라질의 룰라 다 실바Lula da Silva 대통령이 그토록 높은 인기를 끌었던 이유도 '보우사 파밀리아Bolsa Família' 같은 대규모 재정지출을 뒷받침할 수 있는 강력한 상품 가격의 상승이 있었기 때문이었습니다.[5] 즉 경기가 좋을 때에는 아무리 돈을 퍼주어도 국가재정이 망가지지 않을 수 있습니다.

이제 다시 초반의 의문으로 돌아가서, 브라질 헤알화 채권에 대한 투자는 그리 좋은 선택이 아닌 것 같습니다. 아르헨티나의 재정 개혁이 성공하고 인플레이션이

> **보우사 파밀리아**
> 브라질의 사회복지 정책입니다. 룰라 정부에서 시작하였으며 빈곤층을 위해 학비, 식비, 연료비 등을 직접 지원하는 재정정책입니다. 연소득 672달러 이하 가구에 현금이 들어 있는 복지카드를 지급해주는 방식으로 시행하였습니다.

퇴치되는 것을 확인하고, 그다음 브라질이 이를 뒤따르는 모습을 보고 판단해도 늦지 않을 것이기 때문입니다.

균형 있는 정책의 중요성

아르헨티나와 브라질에 비하면 한국의 재정은 매우 건전한 편이기에 직접적인 교훈을 찾기는 힘듭니다. 오히려 한국은 너무 지나친 긴축정책을 펼쳐, 불황에 대한 정책 대응력이 굉장히 약하다는 것이 문제죠. 일부 언론에서는 한국의 국가부채가 1,000조 원을 넘어선 것에 대해 경고하지만, 부채의 내부 사정을 조금만 파헤쳐봐도 큰 문제가 없음을 알 수 있습니다.[6]

국가도 마찬가지다. 국가채무 중 대응 자산이 있는 채무도 있지만 그렇지 않은 채무도 있다. 대응 자산이 있는 채무란, 예를 들면 외화 매입 용도로 발행하는 국채다. 한국은 기축통화국이 아니다. 그래서 많은 외화를 보유해야 한다. 외화를 사려면 돈이 필요한데 대부분 국채를 발행해서 마련한다. 즉 외화를 매입하고자 국채를 발행하면 발행량 전체가 국채가 된다. 그러나 외화라는 대응되는 자산 자체에 상환 능력이 있어 걱정하지 않아도 된다.[7]

2023년 한국의 GDP 대비 국가채무 비율은 48.9%로, 그중 대응 자산이 있는 금융성 채무는 400조 3,000억 원(63.4%), 대응 자산이 없는 적자성 채무는 692조 2,000억 원(36.6%)이죠.

상황이 이러한 데도, 2020년 코로나19 팬데믹 그리고 2022년 러시아-우크라이나 전쟁 같은 일이 벌어졌을 때 한국 정부는 재정지출을 거의 늘리지 못했습니다. 아마 외환 위기 트라우마 때문에 벌어진 일이겠지만, 조금 밸런스를 잡았으면 좋겠습니다. 한국은 아르헨티나나 브라질과 함께 묶일 정도의 경제 체력을 가진 나라가 아니니 말입니다.

> **바쁜 어른을 위한 시사점**
>
> 브라질 국채가 좋은 투자처로 떠오르고 있습니다. 그런데 사실 브라질은 경제성장에 비해 지나친 통화공급과 생산성 격차로 만성적인 인플레이션과 경상수지 적자 상태입니다. 마찬가지로 만성적인 초인플레이션을 앓던 아르헨티나가 개혁을 시도하고 있는데요. 역대급 재정긴축으로 페소화의 가치가 3개월 만에 30% 상승했습니다. 브라질과 아르헨티나의 상황은 정부 정책이 얼마나 중요한지 보여주는 좋은 사례라 하겠습니다.

TOPIC 11

고령화로 세계 노동시장의 구조 변화가 시작되다

블루칼라의 새로운 황금기 🔍

선진국 실업률 하락 🔍

리쇼어링 붐 🔍

클러스터 🔍

ECONOMIC NEWS

연구원·개발자·시인… "누구든 될 수 있는 AI" IT업계 들썩
《아시아경제》, 2022.12.13.

애플, 드디어 AI대전 참전… 美 시총 '빅7' 패권전쟁 총성
《세계일보》, 2023.07.21.

AI 관련 일자리 2년간 60% 급증
《매일경제》, 2023.11.28.

"직업을 빼앗겼어요" 전문직까지 위협하는 챗GPT
《이데일리》, 2023.11.30.

"챗GPT 따라잡아야 산다"… 메타-IBM 등 50여곳 'AI 동맹'
《동아일보》, 2023.12.07.

올 주가 75% 상승… '매그니피센트7'이 美 증시 이끌었다
《한국경제》, 2023.12.18.

'반도체 리쇼어링' 속도 내는 美… 中이 이미 보유한 장비까지 족쇄
《문화일보》, 2024.03.22.

인력 쇼크에… 日 새벽 배송 중단, 美는 잠수함 3년째 수리
《조선일보》, 2024.05.28.

2023년 12월, 《이코노미스트》는 매우 흥미로운 제목의 기사 한 편을 실었습니다. 기사의 제목은 〈근로자들의 황금기에 오신 것을 환영합니다Welcome to a golden age for workers〉였습니다. 지난 10년 동안 선진국(일부 개발도상국 포함) 노동시장이 매우 큰 어려움을 겪었는데, 최근 갑작스러운 호황을 맞이했다는 내용이었습니다.[1] 기사를 읽다가 놀라웠던 것은 오랜 기간 높은 수준을 유지하던 유럽의 청년 실업률이 가파른 속도로 떨어지고 있다는 점입니다.[2] 2022년 오픈AIOpenAI에서 대화 전문 인공지능 챗봇인 챗GPT를 출시하자, 앞으로 고도화된 인공지능이 인간의 일자리를 빼앗을 것이라는 예측이 쏟아졌습니다. 이후 가파른 속도로 대규모 언어 모델LLM 발전이 이뤄졌음을 감안할 때, 유럽을 비롯한 주요 선진국 청년 실업률 하락은 어디에서 기인한 일일까요? 본격적으로 이 문제를 살펴보겠습니다.

베이비붐 세대의 은퇴,
일자리 증가로 이어지다

먼저 《이코노미스트》 기사의 핵심적인 주장을 요약하자면, 베이비붐 세대의 은퇴로 일자리가 늘어나는 가운데, 미국을 중심으로 강력한 재정 정책을 펼친 효과가 가세하고, 인공지능 혁명으로 인해 생산성이 향상된 것이 노동시장의 붐으로 연결된다는 것입니다.

베이비붐 세대 은퇴의 효과는 유럽에서 제일 먼저 감지됩니다. 남유럽 재정 위기 이후 오랜 기간 고통받은 그리스나 이탈리아, 스페인 그리고 포르투갈 같은 나라의 실업률이 10년 이래 최저 수준까지 떨어졌기 때문입니다. 특히 질적 측면에서도 개선이 뚜렷합니다. 미국의 각 세대별 임금 상승률을 비교하면, Z세대인 16~24세의 임금 상승률이 압도적인 수준에 도달했기 때문입니다. 2010년대의 불황을 보면서 자란 Z세대들이 취업에 도움이 되는 전공을 선호하는 경향을 보인 것이 원인으로 작용했습니다.

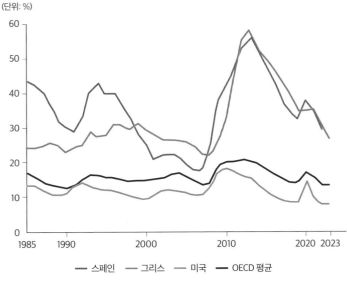

● 주요 선진국 청년 실업률 추이

(단위: %)

출처: The Economist(2024.4.16.).

더 나아가 직업을 얻기 쉬운 자격증을 따려는 움직임도 뚜렷하다고 합니다. 미국만 청년 일자리의 질이 올라간 게 아니라 영국의 18~21세 시간당 임금은 2023년에 무려 15% 상승했고, 뉴질랜드의 20~24세 근로자의 시간당 임금도 10% 인상을 기록했다고 합니다.[3]

혹시 남유럽 국가 노동시장이 개선된 이유가 경쟁력의 개선 때문일까요? 이 의문을 가지고 다양한 생산성 통계를 살펴보았지

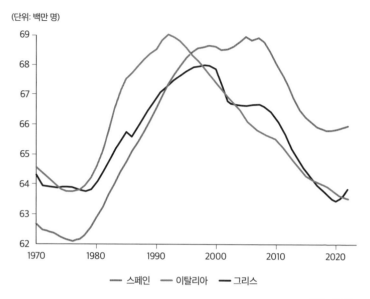

● 스페인과 이탈리아 그리고 그리스의 생산 활동 인구 비율 변화

(단위: 백만 명)

— 스페인 — 이탈리아 — 그리스

출처: OECD.

만, 어디에서도 근거를 찾기 힘들었습니다. 남유럽 국가의 노동자 중 35~40%가 중졸 이하의 학력만 가지고 있을 뿐이며, 최근 치열한 경쟁이 벌어지는 인공지능과 전기차 그리고 로봇 분야에서 두각을 나타내는 기업을 찾기 힘들었기 때문입니다.

물론 2021년부터 시작된 관광산업의 회복이 실업률을 낮춘 가장 직접적인 이유임에 분명합니다. 오랜 봉쇄에 지친 선진국 소비자들이 따뜻한 태양을 찾아 남유럽 그리고 카리브해로 이동했기 때문이죠. 그러나 이것만으로 노동시장 회복을 설명하기는 어렵습니다. 코로나 이전의 전성기에 비해 관광객 수가 적기 때문입니다. 결국 여러 요인을 제거하고 나면 남는 요인은 베이비붐 세대의 은퇴입니다. 그래프는 스페인과 이탈리아, 그리스의 15~64세 근로 인구, 즉 생산 활동 인구의 비율 변화를 보여주는데 최근 10년 사이에 가파른 하락이 나타났음을 확인할 수 있습니다.

인공지능과
리쇼어링 열풍

베이비붐 세대의 은퇴가 모든 선진국 경제에 공평하게 이익이 되지는 않습니다. 최근 세계 경제를 보면, 미국의 독주 현상을 금방 확인할 수 있는 반면 독일이나 프랑스 등 유럽 국가들의 경제는 크게 개선되었다고 보기 힘들기 때문입니다. 이런 차이가 발생한 요인은 인공지능 및 리쇼어링 reshoring 붐에서 찾을 수 있습니다.

리쇼어링이란 해외로 나갔던 공장 설비가 본국으로 다시 돌아오는 현상을 뜻하죠. 1990년부터 2020년까지 약 30년간 세계 경제는 해외직접투자^{FDI}의 전성기를 경험했습니다. 중국이나 인도 그리고 베트남처럼 인건비가 싼 나라에 공장을 지어, 여기서 생산된 값싼 제품을 유럽이나 북미로 수입하는 시스템이 형성되었던 것입니다. 덕분에 세계 경제는 인플레이션이 억제되면서 저금리 환경을 누릴 수 있었지만, 선진국 근로자들은 일자리를 잃어버리거나 임금 인하 압박을 받게 되었죠.

그러나 해외직접투자 붐은 2018년 미·중 무역 분쟁과 2020년 코로나19 팬데믹을 겪으며 막을 내리게 됩니다. 특히 세계 최대의 제조 생산 국가로 부상한 중국이 '제로 코로나$^{Zero-COVID}$' 정책을 펼치자, 자동차부터 가전제품에 이르기까지 세계 주요 제조사들은 심각한 생산 차질을 겪었죠. 반도체 부족 사태를 겪으면서 세계 자동차 판매가 감소했던 것이 대표적인 사례가 될 것 같습니다.[4] 이때 많은 기업들은 제품 생산에 필요한 부품이나 장비를 단 하나의 나라에만 의지하는 게 얼마나 위험한지 깨달았습니다.[5]

또한 바이든 행정부가 반도체 법을 제정해 첨단산업의 해외투자를 엄격하게 금지하는 한편 대규모 지원금을 지급한 것이 결정적

제로 코로나
호주와 뉴질랜드, 중국 등에서 시행했던 고강도 방역 제도입니다. 바이러스 확진자가 발생하면 지역을 봉쇄해 확산을 막았죠. 2022년 3월 중국 최대 경제도시, 상하이를 봉쇄함으로써 중국 시민들의 불만을 고조시켰습니다.

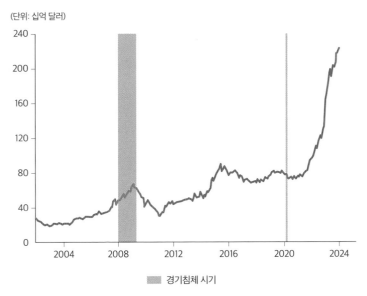

● 미국 제조업 부문의 건설투자 현황

(단위: 십억 달러)

경기침체 시기

출처: Bloomberg(2023.7.1.).

전기를 마련했습니다.[6] 예를 들어 인텔 한 회사에 27조 원 이상의 보조금을 지원하는 등 핵심 산업 분야의 공장을 미국에 짓게 만들기 위해 많은 노력을 기울이고 있죠. 이 결과, 컴퓨터 및 전기 전자 산업을 중심으로 제조업 건설투자가 2021년부터 폭발적으로 늘어나고 있습니다.[7] 제조업 부문의 구조물(공장) 건설투자가 2020년 800억 달러에서 2023년에는 무려 2,000억 달러로 늘어나고 있습니다.

여기에 불을 붙인 것이 인공지능 열풍입니다. 오픈AI가 출시한 챗GPT부터 코파일럿^{Copilot}과 제미나이^{Gemini} 등 다양한 종류의 대규모 언어 모델이 상품화되는 가운데 인공지능 붐은 이제 초기 수용자 시장을 넘어서 대중 소비자들에게 한 발자국 다가섰습니다. 특히 인공지능이 물류와 수중 탐사 그리고 전쟁 수행 능력 향상에 도움될 수 있다는 인식이 확대되며 기업들의 투자가 나날이 늘어나는 중입니다. 그리고 인공지능 연구에서 가장 앞서 있는 것으로 보이는 미국으로의 투자가 늘어나는 것은 당연한 일입니다.

리쇼어링은 어떻게
일자리를 만드는가

베이비붐 세대의 은퇴에 이어 리쇼어링 붐까지 겹치며, 미국 노동시장의 여건이 크게 개선되었습니다. 심지어 대만의 거대 반도체 회사 TSMC는 미국 애리조나 공장에서 일할 사람을 구하지 못해, 결국 공장 가동을 연기하기도 했습니다.[8]

물론 정보통신 분야의 일자리만 늘어나는 것 아니냐는 반론이 제기될 수 있습니다. 그러나 좋은 일자리가 생기면, 주변에 연쇄

미국 애리조나에 지은 대만 반도체 기업 TSMC의 공장 모습.

적인 고용 붐이 발생하는 것을 잊지 말아야 할 것입니다. 애리조나(TSMC) 혹은 텍사스(삼성전자) 같은 곳에 거대한 반도체 공장을 짓게 되면 제일 먼저 물 문제가 부각됩니다. 깨끗한 물을 대량 공급하는 문제 외에, 사용된 물을 정화해 재사용할 수 있게 사회간접자본, 즉 시설 투자가 필수적이죠. 더 나아가 땅값이 싼 외진 곳에 주정부의 지원을 노리고 공장을 지었으므로 새로운 도로와 공항의 건설이 추가되어야 합니다. 대만과 한국에서 이주한 엔지니어들이 묵을 숙소는 물론 자녀들이 다닐 학교도 지어야 하며, 만일의 사태를 위해 경찰서와 병원 그리고 소방서 건설이 동시에 이뤄져야 할 것입니다.

이 과정에서 주변에 많은 일자리가 생깁니다. 미국의 지리경제학자, 엔리코 모레티Enrico Moretti는 다음과 같이 좋은 일자리의 힘을 설파합니다.[9]

대도시 지역 320곳의 미국 근로자 110만 명에 대한 분석에 기초한 연구 결과, 대도시 지역 한 곳에서 첨단 기술 일자리가 한 개 늘어날 때마다 장기적으로 다섯 개의 추가적인 일자리가 첨단 기술 분야 밖에서 창출된다.

물론 이 대목에서 "좋은 기업이 들어와서 자리를 잡는 과정에서 그 지역의 불평등이 심해지지 않겠느냐"는 의문을 품은 독자들이 있으리라 생각합니다. 그런데 고소득 근로자들이 모여드는 곳에 새로 생긴 일자리의 임금 수준은 꽤 높은 경향이 있다고 합니다.[10] 이런 현상이 나타난 이유는 무엇보다 클러스터 효과 때문입니다.

저는 요즘 서울 수서에서 경기도 평택까지 만들어진 고속철도, SRT 라인에 대한 관심이 높습니다. 왜냐하면 이 지역에 최근 매우 빠른 속도로 일자리와 학교 그리고 연구 기관의 집결이 나타나고 있기 때문입니다.[11] 이런 변화를 일으킨 가장 직접적인 원인은 삼성전자의 평택 공장 건설 때문이지만, 여기에 신속한 이동을 가능하게 하는 철도망의 건설이 이뤄지고, 동탄 등 대규모 신도시가 건설되면서 거주 여건이 개선

반도체 메가 클러스터

정부가 2047년까지 622조 원의 민간 투자를 지원해 경기 남부에 세계 최대 반도체 생산기지를 구축하겠다고 밝혔습니다. SK하이닉스가 122조 원, 삼성전자가 500조 원을 투입해 제조 공장을 지을 예정인 해당 지역에 국가산업단지를 조성하고, 소재·부품·장비(소부장) 경쟁력을 끌어올려 공급망 리스크도 대비한다고 하죠.

된 것 또한 연쇄적인 효과를 미쳤습니다.

인터넷에서 '동탄 밈'이 유행하듯, SRT 라인에 있는 도시들은 이미 꽤 높은 평가를 받는 주거지로 인정받기 시작했죠. 이렇게 되면, 물가와 주택 가격도 대도시 수준을 좇아가게 됩니다. 소비 수준이 높은 거주민이 늘어나고 씀씀이도 늘어나는데, 서비스직에 근무하는 근로자들의 임금만 오르지 않을 수는 없죠. 그리고 이는 다시 이 지역에 서비스 및 제품에 대한 수요를 창출할 것입니다. 이를 긍정적 외부효과라고 부릅니다. 삼성전자와 SK하이닉스, 그리고 현대차의 새로운 공장이 평택과 용인, 화성에 들어서는 과정에서 토지 소유주만 돈을 버는 게 아니라 도시가 커지는 현상으로 주변도 함께 발전한다는 이야기입니다. 도로와 철도가 새로 놓이는 가운데 쇼핑몰이 들어서면서 '쇼핑하기 좋은 곳'으

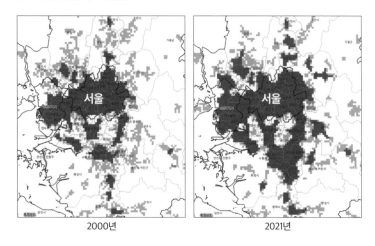

◐ 수도권의 클러스터 팽창

2000년   2021년

출처: 통계청(2024).

로 두각을 나타낼 수도 있고, 학교와 학원이 새로 만들어지면서 '학군지'로 부각될지도 모를 일입니다.

위 지도는 수도권을 중심으로 한 클러스터의 팽창 방향 변화를 잘 보여줍니다. 2000년에는 서울의 영등포를 가운데 두고 동서로 펼쳐진 클러스터가 가장 눈에 띕니다. 서울 남부 지역의 2호선 라인 강남 구간이 한국에서 가장 큰 일자리의 중심지임을 확인할 수 있죠. 그러나 2016년 SRT 개통 이후 새로운 모습이 펼쳐지기 시작합니다. 서울 강동 지역에서 남쪽을 향해 클러스터가 확장하면서, 수도권은 거대한 'T자' 모양의 형태로 일자리와 연구소 그리고 주거지역이 만들어지고 있는 중입니다.

물론 클러스터 효과를 누리지 못하는 곳들도 있습니다. 바로 일자리의 중심지로 젊은이들을 잃어버리는 지역입니다. 이른바 '지역 소멸' 위험이 높은 지역은 선택과 집중의 문제가 부각될 여지가 높죠. 2000년대부터 인구 감소를 겪은 일본에서는 홀로 집에서 외로이 살아가는 노인들을 상대적으로 생활 여건이 좋은 지역으로 모으는 '입지 적정화 계획'을 실행 중이라고 합니다. 시가지를 좁히는 대신, 도로와 공원, 상하수도 시설을 개선하는 등의 지원을 병행하는 것이죠.[12]

그러나 한국은 아직까지 일본과 정반대 방향으로 정책을 펼치고 있습니다. 지방 도시를 가보면 끝없이 외곽에 신도시급의 택지 개발이 이뤄지는 것을 목격할 수 있는데, 이렇게 되면 과거의 도심지역 주택이 낡아가고 치안이 악화되는 것을 피하기 어렵다 봅니다. 지난 10여 년에 걸쳐 수도권에 비해 지방 부동산 시장이 침체된 데는 이런 정책 문제도 있지 않나 생각됩니다. 따라서 젊은 인구의 유출이 진행되는 지역의 부동산을 매입할 때는 조건을 깐깐하게 따져보는 태도가 필요합니다.

베이비붐 세대의 은퇴와 리쇼어링 붐 속에서 선진국 노동시장은 30년 만에 가장 강력한 호황기를 경험하고 있습니다. 그렇지만 노동시장에 찾아온 붐이 갑자기 시들어버릴 가능성을 배제할 수는 없습니다. 가장 큰 위험은 2024년 미국 대통령 선거와 2025년 독일 총선입니다. 미국의 트럼프와 독일의 AfD 같은 세력이 지속적으로 승리를 거둔다면 세계 경제 전반에 큰 위험이 될 가능성을 배제하기 어렵기 때문입니다. 이들 정치 세력은 반세계화 그리고 반이민을 기치로 들고 있는데, 이는 세계 경제의 성장에 장애 요인으로 작용할 위험을 지니고 있습니다. 예를 들어, 공화당의 트럼프 후보가 47대 대통령으로 당선되어 해외에서 수입되는 제품에 대해 일률적인 관세 10%를 부과하고, 이에 대해 상대방이 보복 관세로 대응한다면 세계의 교역은 큰 타격을 입을 가능성이 높습니다.[13]

특히 미국과 독일의 부족한 노동력을 메워주는 외국인 노동자의 유입 중단은 인플레이션 압력을 높일 수 있습니다. 2022년 러시아의 우크라이나 침공 이후 발생한 인플레이션에 대응해 미국의 연방준비제도[Fed]가 금리를 인상한 것이 미국은 물론 세계 경제의 성장둔화로 이어졌음을 잊지 말아야 할 것입니다. 따라서 정치적인 변화가 앞으로 노동시장의 미래에 결정적 영향을 미친다는 것을 인지할 필요가 있겠죠.

거대한 변화 속
한국 경제의 미래

　　　　　　지난 10여 년 사이, 한국 기업의 직접
투자에 거대한 변화가 나타났습니다. 첫 번째 변화는 중국보다
미국으로의 직접투자가 늘어났다는 것인데, 중국의 인건비가 상
승한 것에 미·중 무역 분쟁이 결정적 영향을 미쳤습니다.[14] 또한
미국 정부가 인플레이션 감축법Inflation Reduction Act 등을 통해 '인

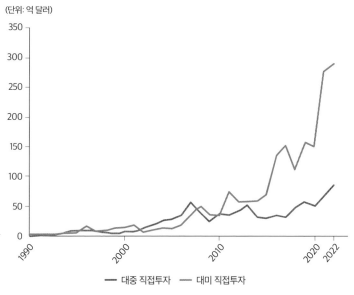

● 1990년 이후 대중 및 대미 직접투자 추이

(단위: 억 달러)

출처: 한국수출입은행 해외투자 통계, 프리즘 투자자문 작성.

센티브'를 제공한 데다, 인공지능 관련 기술 습득 목적의 투자도 크게 증가한 것으로 보입니다.

이와 같은 흐름은 상당 기간 이어질 것 같습니다. 한국 기업 입장에서 핵심 기술은 국내에 남겨두겠지만, 우리가 아직 획득하지 못한 분야는 적극적인 투자가 불가피할 것이기 때문입니다. 나아가 베이비붐 세대가 차례대로 은퇴하는 가운데 한국의 노동시장이 점점 더 타이트해지는 것도 한국 기업의 선진국향 해외투자를 늘리는 요인으로 작용할 것으로 판단됩니다.

바쁜 어른을 위한 시사점

챗GPT가 발표되고 인공지능 같은 기술의 고도화가 일자리 축소를 불러온다는 위기가 팽배해졌죠. 그런데 현실은 정반대입니다. 베이비붐 세대의 은퇴와 리쇼어링, 인공지능 혁명 등으로 미국 등 선진국 노동시장에는 일자리가 연쇄적으로 발생하고 있는데요. 한국도 철도망 건설과 동탄 같은 대규모 신도시 건설로 대도시 중심으로 클러스터가 확장하며 수많은 일자리가 생기고 있습니다.

TOPIC 12

대한민국 노동시장은
어떻게 달라지고 있나

청년 고용률 개선   🔍

베이비붐 세대 은퇴   🔍

일자리의 변화   🔍

파괴적 혁신   🔍

ECONOMIC NEWS

20대 후반, 무기한 취준생 신세?… 취업문 세계서 가장 좁았다
《헤럴드경제》, 2020.06.22.

[단독] 베이비부머 26만명, 코로나發 '강제은퇴'
《맹리경제》, 2020.06.28.

은행 대리·보험사 40세 직원도 희망퇴직… 유통가는 로봇이 대체
《서울경제》, 2021.12.13.

고령사회, 더 치열해진 노인 일자리 경쟁… '초저임금' 근로자 절반이 60세이상
《동아일보》, 2023.05.10.

IMF총재 "전세계 고용 40%가 AI 노출… 사회안전망 중요"
《이데일리》, 2024.01.15.

한국, 일할 사람이 없다… "2032년까지 89만명 더 필요"
《국민일보》, 2024.03.20.

"올해 고용률 '역대 최고' 62.8% 전망… 실업률 2.9%"
《이데일리》, 2024.03.27.

2차 베이비부머 은퇴… 산업현장 베테랑 740만명 떠난다
《조선일보》, 2024.05.28.

돌이켜보면 2010년대는 새로 직장을 찾는 이들에게 지옥 같은 시기였습니다. 제가 모 대학에서 야간 강의를 하던 시절, 강의가 9시쯤 끝난 후 학생들에게 종종 술이나 커피를 사주었습니다. 쾌활하고 똑똑한 젊은이들과의 대화가 너무 재미있었던 데다, 학생들도 취업에 필요한 다양한 지식을 얻을 목적으로 활발하게 참여했기 때문이었습니다. 술자리에서 "증권업계에 취업하려면 어떤 자격증이 필요한가요?" 같은 질문을 10번 이상 들었던 기억이 납니다. 그리고 노량진을 비롯한 공무원 시험 학원이 모인 곳은 역사상 가장 큰 호황을 누리고 있었고, '이태백(이십 대 태반은 백수)'이라는 신조어가 유행했습니다.

그러나 10년 만에 한국 노동시장의 분위기가 크게 달라졌습니

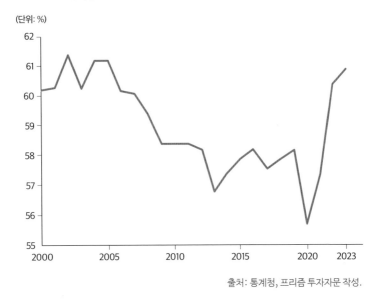

● 2000년대 이후 한국의 20~29세 고용률 변화

(단위: %)

다. 당장 9급 공무원 시험 경쟁률이 32년 만에 최저치로 떨어졌고, 노량진 고시촌은 심각한 불황을 맞이했습니다.[1] 노량진 고시촌이 때아닌 불황을 맞이한 이유는 노동시장이 본격적인 호황 국면에 접어들었기 때문이죠. 2023년 15세 이상 고용률은 1963년 통계 작성 이후 가장 높은 62.6%를 기록했고, 20~29세 고용률 또한 60.9%를 기록해 2013년의 56.8%에 비해 4% 포인트 이상 개선되었습니다.[2] 여기서 고용률이란, 특정 연령대 사람 중에 얼마나 취업 상태에 있는지 측정한 것입니다. 물론 고용률이 높다

● 저임금 근로자 연령 특성

(단위: %)

연령	2022년 연령별 비중			2020년 대비 인원 증감		
	남성	여성	전체	남성	여성	전체
24세 이하	16.8	20.6	19.0	-8.0	-11.1	-10.0
25~29세	9.7	7.1	8.1	-18.7	-14.5	-16.6
30~34세	6.6	4.6	5.4	-7.0	-11.4	-9.2
35~39세	5.1	5.6	5.4	-11.8	-17.9	-15.5
40~44세	5.9	7.8	7.0	3.0	-11.0	-6.1
45~49세	5.8	8.9	7.6	-7.9	-7.1	-7.4
50~59세	15.2	23.2	19.9	0.6	4.1	3.0
60~64세	12.2	11.6	11.8	10.3	19.4	15.5
65세 이상	22.9	10.8	15.9	18.3	36.0	25.3
전체	100.0	100.0	100.0	1.1	0.8	0.9

출처: 한국고용정보원(2023.11.), 「최근 임금 격차 특징과 원인」.

고 해서 그게 꼭 '좋은 일자리의 증가'를 의미하는 것으로 해석될 수는 없습니다. 임금이 낮고 고용 상태가 불안정한 일자리만 잔뜩 생길 수도 있으니 말입니다.

그러나 최근 한국고용정보원에서 발간된 흥미로운 보고서는 최근 청년층 일자리 중에서 '저임금 일자리' 비중이 가파르게 줄어들고 있음을 보여줍니다. 예를 들어 25~29세 청년의 저임금 일자리 종사자 비율은 단 8.1%에 불과하며, 인원은 2020년 코로나 때에 비해 16.6%나 줄어들었습니다.

물론 2024년 1~5월 청년층 구직 단념자는 평균 12만 명으로 지난해 같은 기간(10.8만 명)보다 약 1만 1,000여 명 늘어난 게 사실입니다. 그러나 이 문제가 노동시장의 불황 때문인지는 불확실합니다. 왜냐하면 제가 자문하는 많은 중소기업의 경영자들이 심각한 인력 부족 문제를 호소하기 때문입니다. 외국인 노동자들은 4년 남짓 일하고 귀국하기에 숙련이 쌓이지 못하죠. 따라서 한국인 채용이 필수불가결하지만 힘들게 고용했더라도 근속 연수가 매우 짧습니다. 결국 이는 미스매치mismatch의 문제라는 생각이 듭니다. 기업들이 원하는 전공을 가진 구직자의 공급이 매우 부족하고, 청년들의 눈높이에 맞는 일자리를 찾기 힘든 것을 미스매치라고 볼 수 있습니다.

반면 60~64세 근로자의 저임금 일자리 종사자 비중은 무려 11.8%에 이르며, 종사자 인원은 2020년에 비해 15.5%나 늘어났

다고 합니다. 즉 한국의 빈곤 및 불평등 문제는 청년층보다는 노
년층에서 심각한 것 같습니다.

우리나라 고용률이 개선된
세 가지 이유

　　　　　　　　　2020년을 고비로 고용률이 급격히
높아진 이유는 세 가지로 볼 수 있습니다. 첫 번째 요인은 경기회
복으로, 코로나 경제 위기를 극복하기 위해 주요 선진국을 중심
으로 어마어마한 돈을 뿌린 것이 큰 영향을 미쳤습니다. 한국은
상대적으로 적은 돈을 뿌렸지만, 선진국 수요가 회복되며 수출이
살아났기에 비슷한 효과를 거둘 수 있었습니다.

　고용 여건이 개선된 두 번째 이유는 베이비붐 세대의 은퇴에
있습니다. 한국을 대표하는 거대 인구 집단, 베이비붐 세대는
1955~1963년에 태어난 약 800만 명으로 고도성장기의 과실을
고스란히 누린 이들입니다. 특히 대기업이나 공공기관에 종사한
이들은 2010년대에 이뤄진 정년 연장의 혜택까지 누렸기에, 어
떤 세대보다 부유하죠. 그러나 아무리 정년을 연장한다고 해도
60대에 접어듦에 따라, 은퇴자들이 늘어나는 중입니다. 그래프에

· 2022년

(단위: 만 명)

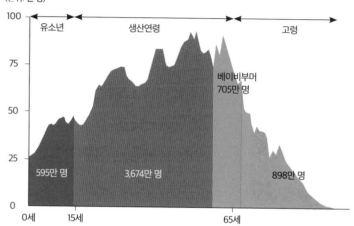

· 2040년

(단위: 만 명)

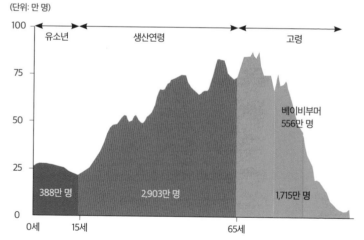

통계청(2023), 「장래인구추계: 2022~2072년」.

옅은 회색 영역으로 표시된 이들이 베이비붐 세대인데, 2040년에는 고령 연령군으로 편입되는 것을 발견할 수 있죠.

물론 우리나라 고령자들이 예전보다 훨씬 건강한 데다 고령층 내의 불평등이 심하기에, 한국의 고령자 고용률은 주요 선진국 중에서도 가장 높은 36.2%에 이릅니다. 그러나 고령자 대부분이 단순 노무(35.6%) 및 농림어업(24.2%)에 편중되어 있습니다. 즉, 상대적으로 소득수준이 높은 사무직 및 관리, 전문가 일자리의 문이 열린 것은 사실로 보입니다.[3]

노동시장의 문이 활짝 열린 마지막 이유는 몇몇 산업에 파괴적 혁신이 본격적으로 시작된 데 있습니다. 여기서 파괴적 혁신이란, 기존에 존재하는 기술을 대체하는 새로운 기술이라고 정의합니다. 경영학자 클레이튼 크리스텐슨Clayton Christensen은 그의 저서 『성공 기업의 딜레마The Innovator's Dilemma』에서 이 개념을 다음과 같이 설명합니다.

가장 중요한 파괴적 기술은 드라이브 크기를 작게 하는 구조적 혁신이었다. 이를 통해 직경이 14인치였던 디스크가 8인치, 5.25인치, 그리고 3.5인치로 축소되더니 급기야 2.5인치에서 1.8인치까지 작아졌다. (중략)

일반적으로 이런 파괴적 혁신 기술들은 기존의 접근 방식보다 간단한 제품 구조 속에 기존의 부품을 집어넣는 것같이 기술적으로 단순하였다. 이런 기술은 기존의 시장 고객들의 기대에 못 미치기 때문에 초기에는 기존 시장에서 거의 각광받을 수 없었다. 즉, 이러한 기술은 주력 시장과 동떨어져서 별로 중요하게 여겨지지 않는 신규 시장에서만 가치를 인정받을 수 있는 새로운 속성들을 제공하였던 것이다.[4]

내용을 요약하자면, 시장의 1위 기업들이 "이게 뭐야? 이게 되겠어?"라면서 등한시하는 분야에서 파괴적인 혁신이 생긴다는 이야기입니다.

전기차가 파괴적 혁신의 대표적인 사례라고 볼 수 있겠습니다. 2010년대 테슬라가 로드스터부터 시작해 모델X, 모델Y를 차례대로 내놓으며 전기차 업계를 주도할 때, 대부분의 거대 자동차 제조사들은 이 시장에 대해 별다른 관심이 없었습니다. 일단 이윤도 작았고, 또 배터리의 성능에 대한 의문이 지속적으로 제기되었기 때문입니다. 더 나아가 메이저 제조사의 노동조합이 미국 내 전기차 공장의 건설을 반대한 것도 문제로 부각되었습니다.[5]

그러나 2020년 코로나 팬데믹 이후 미국과 중국 시장에서 전기차 인기가 폭발적으로 높아지며 상황이 달라졌습니다. 현대자동차가 1996년 아산 공장을 완공한 이후 29년 만에 새로운 공장을 건설하고, 10년 만에 생산직 근로자 고용에 나선 것도 파괴적 혁신에 적극 대응할 필요가 있었기 때문입니다.[6] 기존의 화석연료 자동차를 만드는 기술이 중요성을 잃어버리는 가운데, 전기차 생산에 필요한 지식을 얻는 데 유리한 젊은 세대들에게 고용의 기회가 부여된 것이죠.

앞으로도 고용 붐은 계속된다

우리 기업들의 수익성이 크게 개선된 것도 노동시장에 온기를 불어넣을 것이라 봅니다. 일반적으로 우리나라 근로자들의 임금은 나이가 많을수록 올라가는 경향이 있습니다. 2022년 기준으로, 25~30세 근로자 평균소득은 287만 원인 반면, 50~55세 근로자는 434만 원을 받습니다.[7] 그러나 나이순으로 근로자의 생산성이 결정되는지는 의문입니다. 특히 상당수 산업에서 파괴적 혁신이 벌어지는데, '나이=생산성' 등식이 성립하지는 않을 것 같습니다. 오히려 25~30세 근로자들이 인공지능을 잘 활용해, 더 높은 생산성을 올릴 수도 있다는 생각이 듭

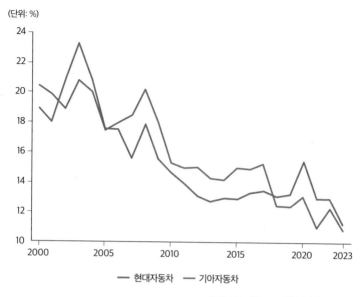

◑ 현대자동차와 기아자동차의 판매관리비 비중 변화

(단위: %)

출처: FNguide, 프리즘 투자자문 작성.

니다. 결국 현재와 같은 연공서열 시스템하에서는 젊고 생산성 높은 근로자들의 불만이 높아지는 것은 당연한 일이라 하겠습니다. 지난 10년간 밀레니얼 세대와 기성세대 간의 갈등이 심각한 문제로 부각된 데에는 이런 배경이 있었던 셈입니다.[8]

그러나 최근 베이비붐 세대가 경제활동을 중단하면서 기업들의 인건비 부담이 급격히 내려가기 시작했습니다. 안 그래도 인공지능 혁명의 바람이 부는데, 기업들 입장에서 큰 행운이 시작된 셈입니다. 따라서 기업들은 로봇을 비롯한 기계 장비 투자를 세계 최고 수준으로 늘리는 중이죠.[9] 물론 설비투자만큼 채용을 늘리지는 않으리라 생각합니다만, 이는 정부 정책 그리고 기술혁신의 방향에 따라 얼마든지 달라질 수 있는 일이니 지금 단언할 필요는 없을 것 같습니다.

이 대목에서 "노동시장의 호황이 한국의 특수한 사정 때문이라면, 금방 사라질 수도 있는 것 아니냐" 하는 의문을 품은 독자들이 있을 수 있습니다. 그러나 제가 볼 때, 우리나라만의 현상은 아니라는 생각이 듭니다. 우리나라뿐만 아니라 주요국의 베이비붐 세대가 은퇴 연령에 접어들고, 인공지능과 로봇 그리고 전기차를 비롯한 파괴적 혁신의 출현에 대응해 글로벌 대기업들이 적극적인 투자에 나서고 있기 때문입니다.

바쁜 어른을 위한 시사점

우리나라의 노동시장도 전 세계의 흐름을 타고 호황에 접어들었습니다. 코로나19 팬데믹이 지나가고 선진국의 수요 회복으로 한국 수출 역시 회복하고 있으며 베이비붐 세대 은퇴로 인한 일자리도 발생한 것인데요. 파괴적 혁신으로 인해 고용의 기회도 확장되고 있습니다. 우리나라 기업들의 수익성 개선도 노동시장에 긍정적인 영향을 미치고 있죠.

TOPIC 13

한국의 식량 상황과
인플레이션의 딜레마

사과값 폭등 🔍

애그플레이션 🔍

국제 곡물 가격 🔍

농업 생산성 둔화 🔍

농촌의 노령화 🔍

ECONOMIC NEWS

애그플레이션·그린플레이션, 세계 물가 쌍끌이 압박

《조선일보》, 2021.12.09.

중동 덮친 우크라발 애그플레이션… 이집트, 빵값 2배 이상 치솟아

《동아일보》, 2022.04.28.

우크라이나 곡물 수출 또 중단 위기… 러시아 요구 사항은?

《한겨레》, 2023.05.07.

푸틴, 흑해곡물船 공격 위협… 국제 밀값 하루새 11% 껑충

《매일경제》, 2023.07.20.

"애그플레이션 경고음… 韓, 곡물 수급대책 모색 시급"

《세계일보》, 2023.08.16.

전쟁 충격 벗어나는 식량·에너지 가격 "내년말 주요국 물가 목표치 2% 도달"

《파이낸셜뉴스》, 2023.12.25.

금사과에 커피, 코코아까지… 현실로 다가온 '기후 인플레이션'

《경향신문》, 2024.04.15.

이제 오렌지주스도 못 마시나… 원액값 80% 올라 '사상 최고'

《서울신문》, 2024.06.04.

2023년 말을 고비로 다른 나라의 물가상승률이 크게 떨어졌지만, 우리나라만 예외가 되고 있습니다. 그 이유는 사과를 비롯한 각종 농산물 가격의 급등에 있었습니다. 유독 한국만 애그플레이션[agflation](농산물 가격이 주도하는 인플레이션)을 겪는 이유를 살펴볼까 합니다.[1]

국제 농산물가격의
안정적 흐름

최근 글로벌 물가가 안정 흐름을 보이는 가장 직접적인 이유는 국제 농산물 가격의 하락에서 찾을

국제 밀 가격과 옥수수 가격 추이

(단위: 센트/부셸)   (단위: 센트/부셸)

— 국제 밀값(좌)   — 국제 옥수수값(우)

출처: TRADING ECONOMICS.

수 있습니다. 위 그래프를 보면 2024년 초 기준으로, 밀과 옥수수 가격은 2020년 코로나 팬데믹 이전 수준으로 돌아간 것을 발견할 수 있습니다. 이렇듯 농산물 가격의 하향 안정 흐름이 나타난 이유는 크게 보아 두 가지 요인 때문입니다.

첫 번째는 러시아의 우크라이나 침공으로 인해 수출이 제한되었던 우크라이나산 곡물이 다시 수송되면서 '공급 부족'에 대한 공포가 사라진 것을 들 수 있습니다. 심지어 폴란드를 비롯한 유

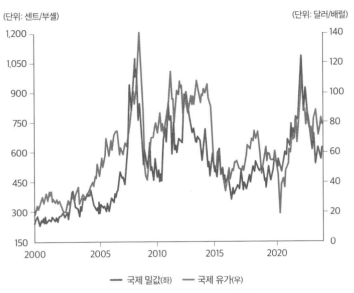

● 국제 밀 가격과 국제 유가 추이

(단위: 센트/부셸)　　　　　　　　　　　　　　　　　　(단위: 달러/배럴)

— 국제 밀값(좌)　— 국제 유가(우)

출처: TRADING ECONOMICS.

럽 농민들이 우크라이나산 곡물의 수입 때문에 가격이 폭락한다
고 항의하는 시위를 할 지경이니 말입니다.[2]

　우크라이나 곡물 수출의 증가보다 어쩌면 더 중요한 두 번째
요인은 국제 원유 가격의 하락입니다. 위 그래프에 나타난 것처
럼, 국제 밀값과 유가 사이에 대단히 밀접한 연관을 발견할 수 있
기 때문입니다.

국제 유가와 농산물 가격의 상관관계

직관적으로 보기에, 식료품 가격과 원유 가격 사이에 큰 연관이 없을 것 같아 보입니다. 농산물은 기후 변화 여건에 민감하며, 원유는 중동이나 미국, 러시아 같은 주요 산유국 상황이 더 중요할 것이기 때문입니다. 그러나 미국과 유럽 등 주요 선진국이 도입한 바이오연료 보조금 제도 때문에, 농산물 가격이 원유 가격을 추종하는 일이 벌어집니다.[3]

여기서 바이오연료란 콩이나 옥수수 등 녹말(전분) 작물에서 포도당을 얻은 뒤 이를 발효시켜 만든 에너지를 지칭하는 표현입니다. 휘발유를 대신해 사용되는 바이오에탄올은 주로 옥수수를 통해 만들어지며, 바이오디젤은 콩기름이나 유채기름 등의 식물성 기름을 원료로 만들어지며 경유를 대체합니다.

그러나 휘발유의 연비에 비하면 바이오연료의 연비가 좋지 않기에, 국제 유가가 쌀 때는 바이오연료를 최저 레벨로 혼입하는 게 일반적이라고 합니다. 반면 원유 가격이 상승하는 시기에는 상대적으로 저렴한 바이오연료 사용량이 급격히 높아집니다. 미국은 10%, 인도는 7.5%, 그리고 EU는 10%의 상한까지 바이오연료 혼입 비율이 높아지며 자연스럽게 곡물 소비량도 늘어납니다. 이미 만들어놓았던 바이오연료 재고가 소진되고 곡물 수요가 늘어나니, 당연히 곡물 가격도 상승할 가능성이 높아질 것입니다.

자동차를 굴리는 데 들어가는 곡물의 양이 대체 얼마이기에 국제 곡물 시장을 뒤흔드는지 궁금해하는 독자들이 많으리라 봅니다. 세계 최대의 곡물 생산국인 미국의 옥수수 생산 중 약 35% 이상, 그리고 콩 생산량 중에서 40% 이상이 바이오연료로 사용되고 있다고 합니다. 그러나 이는 에너지의 효율 면에서 매우 비효율적이라는 지적이 많습니다. 왜냐하면 콩이나 옥수수로 얻어진 바이오연료의 효율이 높지 않고, 또 이 작물의 생산에 투입되는 에너지가 많이 필요하기 때문이죠. 이를 학계에서는 에너지 수지비Energy Profit Ratio, EPR가 낮다고 합니다.

예를 들어, 옥수수 생산에 투입된 에너지에 비해 바이오에탄올의 에너지 비율은 0.8에 그칩니다.[4] 제조에 투입된 에너지가 얻어지는 에너지보다 크다는 뜻이니, 바이오연료 의무 혼입 제도는 에너지 낭비일 뿐입니다. 그러나 각국의 정치적인 사정이 겹쳐 있는 탓에 이 제도가 폐지될 가능성은

> **신·재생 에너지**
> 신新 에너지와 재생에너지를 합친 말입니다. 신 에너지로는 연료전지, 수소에너지 등이 있고, 재생에너지로는 바이오, 수력, 지열, 태양열·광, 풍력 등이 있습니다. 초기 개발 비용이 높고 경제성이 낮으나, 한정된 화석 연료를 대체할 수 있는 친환경 에너지로 주목받고 있죠.

매우 낮다고 하네요. 가장 대표적인 사례가 미국으로, 바이오연료 관련 보조금이 집중되는 곳은 일리노이, 인디애나, 아이오와, 캔자스, 켄터키, 미시간, 미네소타, 미주리, 노스캐롤라이나, 노스다코타 등 이른바 스윙스테이트swing state에 집중되어 있습니다.[5]

결국 2022년부터 시작된 강력한 곡물 가격의 상승과 하락 현상은 우크라이나와 러시아산 곡물 수확량 감소 우려뿐만 아니라, 원유 가격 급등이 불러온 현상임을 알 수 있습니다. 그런데 2022년 말부터 국제 유가가 급락하고 국제 식량 가격이 하락했음에도 불구하고 우리 농산물 가격은 왜 급등했을까요?

달러에 대한 원화 환율이 급등한 것도 수입 농산물 가격의 상승을 유발했음에 분명합니다. 그러나 다음 그래프에 나타난 것처럼, 2022년 이후에는 한국 농산물 가격과 한국에 수입된 농산물 가격의 변화가 반대로 움직이는 것을 발견할 수 있죠. 더 나아가, 한국에서 팔리는 농산물 가격이 국제 시세보다 꾸준히 더 올라가는 것을 발견할 수 있습니다. 이는 최근 한국 농산물 물가 불안이

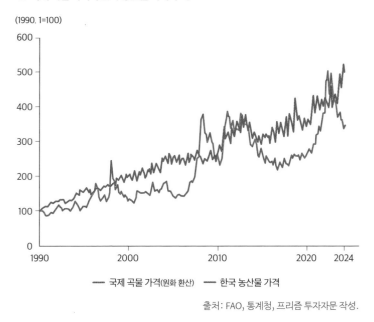

● 국제 곡물 가격과 한국 농산물 가격 추이

(1990. 1=100)

출처: FAO, 통계청, 프리즘 투자자문 작성.

외부 충격이 아닌, 국내 요인 때문임을 시사합니다. 그럼 어떤 국내 요인이 여기에 개입되어 있을까요?

우리 농산물 가격에서만 보이는 특이점

가장 장기적인 요인은 '농업 생산성

● 연도별 벼 재배면적 및 쌀 생산량

(단위: %)

구분	2017	2018	2019	2020	2021	2022	2023	전년비 (%)
재배면적(천ha)	755	738	730	726	732	727	708	▲ 2.6
10a당 생산량 (kg)	527	524	513	483	530	518	523	1.0
생산량(천톤)	3,972	3,868	3,744	3,507	3,882	3,764	3,702	▲1.6

※ 현백률 92.9% 기준이며, 10a당 생산량은 논벼 기준
출처: 통계청(2023.11.14.).

둔화'에 있는 것으로 보입니다. 2023년 한국의 농가 숫자가 처음으로 100만을 하회한 데 이어, 65세 이상 고령 인구 비율이 52.6%에 이른 것은 한국 농업 생산성의 하락 원인을 잘 설명합니다.[6] 고령 인구의 비중이 높아지면 새로운 기술을 채용하는 속도가 더딜 뿐만 아니라, 대규모 자본투자가 이뤄지기 힘들기 때문입니다.

위 표를 살펴보면, 2017년 10아르당 527킬로그램의 쌀을 생산하던 것이 2023년에는 523킬로그램에 그친 것을 발견할 수 있습니다.[7] 물론 각 가정의 쌀 소비량이 줄어드는 경향에 있음을 감안할 때, 전체 쌀 생산량의 감소는 반길 일입니다. 다만 단위면적당 생산량 감소는 한국 농업 생산성의 하락을 보여주는 증거로 충분

한 것 같습니다. 과거에 비해 더 좋은 기계 장비를 쓰고, 구획정리도 잘 되어 있음에도 생산량이 줄었기 때문이죠.

한국의 사과값 폭등과
19세기 아일랜드의 감자 기근

물론 이 대목에서 "무조건 생산량을 늘리기보다 다양한 품종의 쌀을 재배하는 게 더 나은 선택 아니냐"는 반론이 제기될 수 있습니다. 그러나 이 반론은 적어도 한국 과수 농가에게는 적용되지 않는 것 같습니다. 최근 사과를 비롯한 과일값 폭등의 원인은 2023년 4월 초 찾아온 꽃샘추위로 사과꽃이 떨어져, 수확량이 30% 이상 줄어들었기 때문이었습니다.[8] 그러나 만일 한국의 과수 농가가 특정 품종만 재배하지 않고, 다양한 종류의 사과 농사를 지었다면 냉해로 인한 피해를 함께 받지는 않았을 것입니다.

감자의 최초 원산지인 안데스산맥의 농부들은 매우 다양한 종류의 감자를 키웠고, 이런 농업 방식은 지금도 마찬가지라고 합니다.[9] 안데스산맥의 농부들이 수천 가지에 이르는 다양한 감자를 키운 것은 병충해 및 냉해의 위험으로부터 농작물을 지키기 위함

애그플레이션
농업을 뜻하는 애그리컬처 Agriculture와 인플레이션Inflation 의 합성어입니다. 통화 공급 과 잉으로 발생한 전형적인 인플 레이션과 달리 농산물의 수요 와 공급 변화로 발생합니다. 인 구 변화, 경작지 감소 등의 현상 과도 연관이 있죠. 이상기후도 애그플레이션을 촉발하는 매개 체가 되기도 합니다. 서아프리 카에서는 폭우로 코코아 수확 량 감소와 가격 상승을 불러왔 고, 브라질에서는 높은 기온과 강우량 감소로 오렌지 가격이 치솟았습니다.

이었습니다. 일종의 '분산투자'를 통해, 만일의 사태에 대응할 생각 이었던 셈입니다.

반면 특정 품종만 재배한 탓 에 발생한 대표적인 비극은 19세 기 후반 아일랜드를 덮친 감자 기 근입니다. 19세기 아일랜드의 농 부들은 가장 수확량이 많은 감자 품종만 재배했는데, 영국계 지주 들에게 수확한 밀을 다 빼앗긴 후 우유와 감자만으로 생계를 유 지해야 했기 때문이었습니다. 18세기 중엽 기준으로 아일랜드의 1에이커당 밀 생산량은 연 600킬로그램에 그친 반면, 감자 생산 량은 무려 1만 킬로그램을 넘어설 정도로 수확량이 많았기 때문 이었습니다. 이 덕분에 아일랜드 인구는 17세기 말 200만 명에서 19세기 중반에는 800만까지 부풀어 올랐습니다.

그러나 1845년 9월 13일, 남아메리카 대륙에서 천연비료(구아 노)를 운송한 선박을 통해 감자마름병이 상륙함으로써 비극이 시 작되었습니다.[10] 특히 불운했던 것은, 1846년 여름이 아일랜드 역 사상 유례를 찾기 힘들 정도로 비가 잦았다는 데 있습니다. 감자

마름병은 10도 이상의 기온과 90% 이상의 습도가 유지될 때 증식하는 특성을 지니고 있었던 탓에, 아일랜드 감자 수확량은 평년의 4분의 1 밑으로 떨어지고 말았던 것입니다.

아일랜드를 지배하던 영국 정부가 신속하게 대응했다면 좋았을 것을, '곡물법'이 식량 수송의 걸림돌이 되었습니다. 영국 지주들의 이해를 보호하기 위해 해외의 농산물 수입을 엄격하게 금지하고 있었기에, 아일랜드로 실어 보낼 여분의 식량이 부족했던 것입니다. 결국 1846년 겨울 아일랜드에서 약 200만 명이 목숨을 잃었고, 살아남은 사람들도 정든 고향을 떠나 미국 등 낯선 땅으로 이주함으로써 아일랜드 인구는 다시 200만 명 수준으로 떨어지고 말았습니다.

21세기 감자기근을
막기 위한 해법

다시 한국의 사과 이야기로 돌아오면, 앞으로도 가격의 안정을 기대하기는 힘들 것 같습니다. 부사 등 성숙기가 늦은 품종 위주로 사과 재배가 이뤄지기에, 냉해에 취약하다는 사실은 변하지 않기 때문입니다. 이 문제를 해결하기 위해서는 다양한 품종의 사과를 재배하도록 인센티브를 제공하는 한편, 해외에서 사과를 수입해야 할 것입니다. 그러나 이 두 가지 모두 힘든 상황인 것 같습니다.

농촌의 노령화 속에 새로운 품종의 묘목을 심으려는 사람들이 많지 않은 데다, 검역에 오랜 시간이 걸리기 때문입니다.[1] 따라서 앞으로도 농산물 가격이 국제 시세보다 비싼 것은 물론, 매년 기상 여건 변화에 따라 가격이 널뛰는 것을 막기는 힘들 것 같습니다.

바쁜 어른을 위한 시사점

러-우 전쟁으로 제한되었던 우크라이나산 곡물이 다시 수송되고 있습니다. 공급 부족 공포로 급등했던 세계 농산물 가격은 하향 안정 흐름을 보이고 있는데요. 우리 농산물 가격만 여전히 상승 흐름이죠. 한국은 농촌 고령화로 농업 생산성이 하락하는 데다가, 기상 변화에 취약한 농업 방식을 사용하기 때문입니다. 애그플레이션을 막으려면 한국 농업에도 변화의 바람이 필요하지 않을까요?

TOPIC 14

저개발국의 구원투수가 될
인공지능의 경제학

야간 인공위성 사진 🔍

인공지능 혁명 🔍

학력 개선 🔍

보건 위생 🔍

경제성장 🔍

ECONOMIC NEWS

애플이 위성통신 긴급메시지 기능에 6000억 투자한 이유는

《한겨레》, 2022.11.16.

아프리카 홀린 K-스타트업 기술력… "AI로 의료격차 해소"

《머니투데이》, 2023.06.11.

생성형 AI 가장 자주 사용하는 국가는 '인도'… 보급 속도 인터넷·스마트폰보다 빨라

《조선비즈》, 2024.02.15.

LG전자, UAE서 쇼케이스 개최… 중동·아프리카 시장 공략 속도

《아시아경제》, 2024.04.26.

아프리카개발은행·인텔, 아프리카인 수백만명에 AI 교육 제공

《디지털투데이》, 2024.06.10.

아프리카 공략 나선 中 스마트폰… 삼성 1위 위협

《아주경제》, 2024.06.11.

2023년 이후 세계 주식시장은 인공지능 열풍에 따라 승자와 패자가 갈리고 있습니다. 엔비디아^{NVIDIA}와 마이크로소프트^{Microsoft} 등 인공지능 수혜주의 주가는 급등하는 반면, 이 흐름에 소외된 기업이나 관련 기술을 보유하지 못한 기업은 침체를 벗어나지 못하고 있죠.

더 나아가 국가 간에도 기술혁신에 대한 격차가 벌어지며, 불평등이 심화될 것이라는 우려의 목소리가 높아지고 있습니다. 그러나 저는 인공지능이 저소득국가에 더 많은 도움을 줄 것이라는 생각을 가지고 있습니다. 과연 인공지능은 어떻게 세상을 바꾸게 될까요?

선진국은
신속한 변화가 힘들다

선진국의 문제를 거론하자면, 1915년 발명된 트랙터가 미국 농민들에게 받아들여지는 데 약 50년 이상의 세월이 걸렸던 것을 생각해볼 필요가 있을 것입니다.[1] 당시 미국 농민들은 말을 이용해 농사를 짓는 게 일반적이었고, 말먹이를 위해 마리당 약 3에이커의 토지가 필요했습니다. 반면 트랙터는 땅이 필요하지도 않고 또 말처럼 예민하지도 않습니다. 따라서 일리노이주에서 열린 무역 박람회에 트랙터가 출현했을 때, 수많은 사람들은 미국 농업이 혁명적 변화를 겪을 것이라 예상했습니다. 그러나 현실은 전혀 달랐습니다. 미국 농민들은 이미 말을 키우고 있었기에, 이 말이 늙어 쟁기를 갈 수 없을 때까지는 트랙터를 도입할 이유가 없었죠.

또한 1920년대 중반부터 시작되었던 강력한 농업 공황이 수많은 농장의 파산을 유발했던 것도 잊어서는 안 됩니다. 제1차 세계대전(1914~1918년) 동안 굶주린 유럽 사람들을 먹여 살린 것은 미국과 아르헨티나였습니다. 광대한 프레이리와 팜파스에서 재배된 밀과 옥수수가 전쟁 기간 중에 유럽으로 불티나게 팔려 두 나라 농민들은 부유해졌습니다. 그러나 유럽이 전쟁의 폐허에서 복

구되며, 전 세계 식량 가격은 추풍낙엽 떨어지고 말았죠. 수요는 예전보다 줄었는데, 이전처럼 재배 면적을 늘렸던 것이 치명적인 공급과잉을 불렀던 것입니다. 미국의 소설가 존 스타인벡John Steinbeck이 1939년 발표한(국내 번역은 1993년) 베스트셀러 『분노의 포도The Grapes Of Wrath』에서는 몰락한 미국 농민들이 새로운 땅을 찾아가는 과정을 실감 나게 묘사하죠.

이 결과, 1940년까지도 미국 농가의 단 23%만 트랙터를 보유하고 있었습니다. 제2차 세계대전 이후에야 트랙터의 보급이 본격화되는데, 크게 세 가지 요인이 영향을 미쳤습니다. 첫 번째는 키우던 말들이 늙어 쓸모를 다했고, 두 번째는 제2차 세계대전 이후 출시된 트랙터의 성능이 초기 버전에 비해 훨씬 개선되어 근로자들을 이전보다 덜 고용해도 되었으며, 마지막으로 대공황 이후 작은 규모의 농장들이 몰락하며 트랙터를 사용하기 좋은 환경이 출현했기 때문입니다. 이 사례에서 보듯, 아무리 뛰어난 기술혁신이 나타나더라도 사회가 이를 수용할 준비가 되어 있지 않으면 보급 속도는 더딜 수밖에 없습니다.

물론 트랙터 사례가 예외일 수도 있습니다만, 트랙터에 못지않게 중요한 발명인 반도체도 경제에 큰 영향을 미치지 못한 것은 마찬가지였습니다. 미국의 종합 반도체 기업 인텔의 공동 창업자,

고든 무어Gordon Moore 박사는 1971년 마이크로프로세서를 발명한 후 "2년마다 반도체에 들어가는 트랜지스터의 숫자가 2배로 늘어날 것"이라고 예측한 바 있는데, 지금까지도 그의 예측이 정확하게 맞아떨어졌습니다.[2]

그러나 반도체 발명 이후 20년 동안 미국 경제의 생산성, 즉 노동시간당 GDP 증가율은 급격히 둔화되고 말았습니다. 이런 현상이 벌어진 가장 직접적인 이유는 사람들이 '컴퓨터로 무엇을 할 수 있는지' 이해하는 데 시간이 많이 걸린 데다, 컴퓨터를 활용하기 위해 작업장의 구조 및 인력 배치 방식을 바꾸는 데 어려움을 겪었기 때문입니다.

한국은 왜 그렇게 신속하게 바뀌었나?

반면 한국은 달랐습니다. 1996년 봄 모 증권사 리서치 센터에 처음 출근한 다음 가장 놀란 게, 회의실에 바둑판이 놓여 있고 실내에서 담배를 피우는 모습이었습니다. 고참 애널리스트들은 주식시장이 마감한 다음 신속하게 글을 써서 타이프라이터들에게 전달했고, 이 글은 을지로에 있는 인쇄소

팩스로 전달되는 식이었습니다.
자료를 작성한 후 상당한 시간이
흘러야만 자신이 쓴 글을 읽고 수
정하며 보완할 수 있기에, 남는 시
간을 보낼 방법으로 바둑을 선택
했던 셈이죠.

그러나 1997년 외환위기 이후
이 모든 시스템이 변화했습니다.

> **컴퓨터의 미래**
> 정보를 저장하는 회로소자로
> 진공관을 사용한 1세대 컴퓨터
> 를 시작으로, 트랜지스터 기반
> 의 2세대, 집적회로IC 기반의 3
> 세대, 고밀도집적회로LSI와 초
> 고밀도집적회로VLSI 기반의 4세
> 대를 거쳐 현재 머신러닝 가능
> 한 5세대 인공지능형 컴퓨터가
> 주목받고 있습니다. 나노·양자
> 기술의 발전으로 다가올 차세
> 대 양자컴퓨터, 바이오컴퓨터
> 에 대한 관심도 높아지고 있죠.

인터넷이 연결되고 책상 위에 빠짐없이 개인용 컴퓨터가 배치되
었으며 타이프라이터들은 다른 업무를 찾아야 했죠. 한국의 증권
사가 빠르게 변화한 이유는 위기감 때문이었습니다. '여기서 더
밀리면 끝장'이라는 위기감 속에서 정부는 물론 상당수의 국민들
이 컴퓨터를 배우고 인터넷 사용법을 익혔죠. 더 나아가 기업들
은 새로운 변화에 적응하지 못하는 사람들을 정리해고 하는 한
편, 시장에서 인정받는 애널리스트의 연봉을 나이에 상관없이 높
게 주기 시작했습니다.

이런 관점에서 보면, 가진 게 없는 저개발국일수록 인공지
능 혁명을 적극 수용할 가능성이 높다 봅니다. 위 그래프는 각국
15~65세 노동인구의 교육 기간을 보여주는데, 한국은 평균 12년

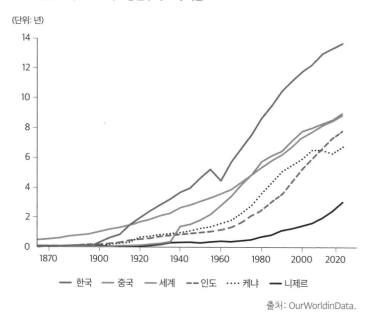

(단위: 년)

— 한국 — 중국 — 세계 -- 인도 ···· 케냐 — 니제르

출처: OurWorldinData.

이 넘어서는 반면 니제르는 4년에도 미치지 못하는 것을 알 수 있습니다. 문제는 여기에 그치지 않죠. 교육의 절대적인 시간 외에, 교사의 수준도 한국에 비해 떨어질 가능성이 높기 때문입니다. 예를 들어, 사하라 이남 아프리카 지역의 학생들은 평균 6년 정도 학교에 다니지만 선진국 기준에서 보면 단 3년 정도의 학업을 마친 정도의 지식을 얻는 데 그친다고 합니다.[3]

학력 수준의 저하 및 부족은 경제성장을 가로막는 장애 역할을

할 가능성이 높습니다. 왜냐하면 이 학생들이 미래의 노동력이기 때문이죠. 저렴한 인건비와 풍부한 노동력에 매력을 느껴 외국인 직접투자가 유입되더라도, 아주 낮은 단계의 기술 수준을 필요로 하는 부문만 남게 될 수 있습니다. 공해물질을 덜 배출하면서 더 높은 소득을 올릴 수 있는 첨단산업 부문의 기업을 유치하기 위해서는 기본적인 외국어 능력은 물론 어느 정도 컴퓨터를 사용하는 근로자들을 필요로 할 가능성이 높죠.[4] 최근 중국의 성장 탄력이 둔화된 원인도 '낮은 교육 수준의 함정'에서 기인한 면이 크다 하겠습니다. 특히 농촌 지역 호구를 가진 채 도시에서 일하는 '농민공'들은 교육 수준이 낮을 뿐만 아니라 자녀 교육에도 시간과 돈을 투입하기 어려워 교육 및 소득 격차가 정책 당국의 노력에도 불구하고 거의 좁혀지지 않고 있습니다.

그렇다면 교육 연한이 짧고 절대적인 교사 부족에 직면한 저개발국에 어떤 대안이 있을까요?

이런 고민을 하는 교육정책 당국자에게 챗봇이 답이 될 수 있습니다. 어린이들이 사용할 수 있는 간단한 인터페이스를 가진 프

> **디지털 리터러시** Digital literacy
> 스마트폰의 등장 이후 디지털 정보와 콘텐츠에 대한 해석과 활용 능력 또한 요구되는 가운데, 선진국과 개발도상국, 저소득 국가의 기술 격차도 중요한 이슈로 떠올랐습니다. 인텔은 케냐 여성 및 청소년을 대상으로 디지털 리터러시 훈련을 시행했고, 다양한 시민단체와 기관에서 교육을 계속하고 있습니다.

로그램에 인공지능을 탑재해놓으면, 분수 계산 문제 풀이부터 영어 단어 공부까지 자상한 가정교사 역할을 수행할 수 있을 것입니다. 물론 한국에서는 학생들의 지나친 스마트폰 사용이 문제가 되지만, 과밀학급 그리고 선생님 부족 문제로 고통받는 저소득국가 학생들에게 챗봇은 매력적인 대안이라 하겠습니다. 더 나아가 교사 노동조합이나 사교육 업체 같은 시장 참여자들의 영향력도 선진국에 비해 약하니, 챗봇 도입에 대한 저항도 크지 않을 가능성이 높습니다.

스마트폰이 보건위생을 바꾼다

물론 챗봇이 역할하기 위해서는 최소한의 기반시설 투자가 필요할 수 있습니다. 실제로 30여 년 전 인터넷이 처음 세상에 등장했을 때는 저소득 국가 국민은 별다른 혜택을 입지 못했습니다. 퍼스널 컴퓨터가 워낙 비쌌던 데다, 초고속통신망이 아직 전국에 설치되지 않았기 때문입니다.

그러나 스마트폰의 출현은 수많은 저개발 국가의 삶을 바꿔놓았습니다. 글로벌 전자 회사들이 앞다퉈 다양한 제품을 출시하는 과정에서 단말기 가격이 100달러 밑으로 내려오며 구입 여력이 생긴 데다, 초고속통신망을 전국에 도입하는 것에 비해 이동통신 중계기 설치 비용이 훨씬 저렴했던 것입니다. 또 삼성전자 등 스마트폰 제조사들이 통신 연결이 어려운 지역에서도 인공지능을 활용할 수 있는 스마트폰을 내놓음으로써, 사하라 이남 아프리카와 남아시아 사람들의 삶에 큰 변화가 출현할 가능성이 높아졌습니다. 특히 니제르와 세네갈 같은 나라는 1970년대 한국 같은 고도성장 국면에 진입한 것을 감안할 때, 인공지능 혁명이 아프리카에서 꽃을 피울 가능성이 높은 것 같습니다.[5]

　병원과의 거리가 먼 곳에 사는 이들은 질병 증상이 나타났더라도 이를 제때 파악하지 못해 병을 키우는 일이 비일비재합니다. 만일 이들에게 인공지능 스마트폰이 제공된다면, 간단한 몇 가지 질문만으로 질병을 예방할 수 있습니다. 더 나아가 이로 인한 여성 및 아동의 건강 개선은 사회 전체의 출산율 하락으로 이어질 가능성이 높습니다. 아이가 성인으로 잘 자랄 것이라고 기대될 때 부모들이 적극적으로 가족계획에 나서고 또 노령 출산의 위험을 피하려 들 것이기 때문입니다.[6] 따라서 여성과 아이의 건강상태 개선은 출산율의 하락을 낳을 가능성이 높으며, 아동 1인당 교육비도 높아질 가능성이 높아지는 등 연쇄적인 선순환을 일으킵니다.

교육과 의료 부문에서 벌어질 획기적 변화를 감안하면, 저소득 국가들이 인공지능 혁명을 수용하지 않을 이유가 없어 보입니다. 그러나 몇 가지 문제가 있습니다. 그것은 바로 정부가 인공지능 혁명을 제대로 활용할 의지를 가지고 있느냐는 것입니다.

통계 조작을 밝혀내는 야간 위성사진

저소득 국가들이 빈곤의 늪에서 허덕이는 또 다른 이유는 제대로 된 통계의 부재에서 찾을 수 있습니다. 예를 들어, 1991년 나이지리아 정부는 전국 규모의 인구조사를 시행했는데, 가구당 최대 인원을 '9명'까지 기재할 수 있게 만들어놓은 것이 뜻하지 않은 문제를 일으켰다고 합니다.[7] 당시 일부 주정부가 인구 비례에 따라 지원금을 받는 구조였기에, 가구 구성원을 9명이라고 쓴 가구가 속출했던 것입니다. 직전 인구조사에 비해 인구가 2배 넘게 늘어난 통계를 본 중앙정부가 지방정부에 일체의 보조금을 지급하지 않았음은 물론이죠.

이처럼 이전에는 꿈도 없을 만큼 방대한 데이터를 활용해 분석하는 이른바 '빅데이터 혁명'이 지속되고 있지만, 투입되는 데이터 자체가 조작된 것이라면 분석 결과를 신뢰할 수 없을 것입니다. 그런데 이 문제를 해결하는 해결책이 최근 제시되었습니다. 한반도에 대한 인공위성 야간 사진이 북한의 궁핍함을 극적으로 보여주듯, 야간 사진의 조명 변화를 인공지능을 활용해 측정함으로써 실제 경제 상황을 훨씬 더 정확하게 파악할 수 있게 된 것입니다.[8] 소득이 늘어날수록 도시의 불빛은 밝아지며 사람들의 활동량이 늘어날 것이라는 점에 착안해, 미국 항공우주국NASA 등에

◐ 2024년 6월 15일 밤 한반도 인공위성 사진

출처: NASA.

서 공개한 이미지를 지속적으로 업데이트하고 학습함으로써 경제의 변화를 신속하고 정확하게 측정할 수 있게 되었죠.

인공위성 야간 사진과 관련된 사례를 하나 더 들어보겠습니다. 중국 정부는 지난 30년 동안 연 10% 이상의 1인당 소득 증가를 기록한 것으로 발표했지만 야간 조명의 밝기 변화로 측정된 숫자는 그에 크게 미치지 못한 것으로 드러납니다. 더 나아가 북한의 1인당 GDP는 750달러 내외에 불과한 것으로 측정되었는데, 이런 현상은 비단 중국과 북한에만 국한되지 않습니다.[9]

연구자들이 민주주의 지수와 '통계 괴리'의 관계를 조사한 결과, 민주주의 지수가 낮은 국가일수록 통계 조작의 혐의가 큰 것을 발견할 수 있었습니다. 독재자들은 국민들을 '예전보다 더 잘 살게 해주겠다'고 약속하며 독재를 정당화하기 때문입니다. 혼란한 민주주의보다 부유한 독재국가가 더 나은 선택이라고 선동해 왔기에, 독재국가일수록 경제성장률 통계를 조작하려 들 가능성이 높습니다.[10] 반면 민주주의국가는 상대적으로 통계 조작의 유혹이 크지 않고, 또 통계 조작이 시행되더라도 금방 들통날 가능성이 높죠.

야간 인공위성 사진은 통계 조작 여부를 파악하는 데 활용될 뿐만 아니라 지역 불평등까지 알 수 있습니다. 최근 스탠퍼드 대학교의 연구진은 인공위성 사진을 통해, 각 지역별로 얼마나 심각한 불평등이 존재하는지 측정하는 데 성공했습니다.[11] 이들은 사하라 이남 아프리카 국가 빈민가의 낮과 밤 인공위성 사진을 활용해 밤에 얼마나 많은 빛이 있을지 예측한 후, 실제 데이터와 비교하는 방식으로 불평등을 측정했습니다.

기술의 발전으로 저소득 국가 정부가 아무리 자신의 경제성장을 포장하더라도, 국제사회의 지원이 어떤 식으로 배분되고 어떤 지역이 소외되는지 손쉽게 파악할 수 있게 된 것입니다. 이렇게 되면 아무리 독재 정부라도 어느 정도는 공평하게 배분하는 척이라도 하게 될 수 있죠.

구슬이 서 말이라도
꿰어야 보배

그러나 인공지능 혁명이 가난한 나라를 잘살게 만들 것이라는 희망에 한 가지 걸림돌이 있습니다. 경제통계마저 조작을 서슴지 않는 나라들이 국민을 감시하고 통제하려는 목적으로 인공지능을 사용하지 않는다는 보장이 없기 때문입니다. 예를 들어, 중국은 인공지능 관련해 가장 열정적인 투자를 하는 나라이지만 모든 관련 기술 개발은 정부의 통제하에 이뤄집니다. 참고로 미국이나 영국은 인공지능의 자유로운 개발을 허용하며, EU는 제한적인 규제를 도입할 움직임을 보이는 것과 대비됩니다.[12] 실제로 중국 정부가 2023년 7월에 발표한 '생성형 AI 서비스 관리 규정'에 따르면, 인공지능 서비스 업체는 서비스 출시 전 보안평가를 거쳐야 한다고 합니다.[13]

1949년 출판된 조지 오웰George Orwell의 책 『1984』에 등장하는 빅브라더가 현실에 재현된다면, 경제발전은 더 지연될 수 있다는 생각도 듭니다. 저소득국가들이 모두 인공지능 혁명의 혜택을 받는 게 아니라, 개방된 민주주의국가부터 기회를 잡게 될 것입니다. 부디 한국도 국민을 통제하는 데 인공지능을 사용하기보다, 새로운 산업과 상품을 만들어내는 방향으로 활용되어 혁신 국가로서의 지위를 이어가기 바라는 마음이 간절합니다.

바쁜 어른을 위한 시사점

전 세계는 지금 인공지능 혁명에 주목하고 있습니다. 신기술을 탄력적으로 수용하기 쉬운 저소득, 저개발 국가의 운명을 바꿀 수도 있을지 모릅니다. 인공지능이 탑재된 스마트폰이 널리 보급되면 교육과 의료 부문에 긍정적 변화를 줄 것이라 기대하고 있습니다. 위성사진을 통해 통계조작을 밝힐 수도 있죠. 인공지능 혁명이 주는 기회, 과연 어떤 국가가 먼저 잡게 될까요?

•주•

프롤로그

1 정지향, 성일광, 「이스라엘-하마스 전쟁: 분석과 전망」, 『이슈브리프』(2023-25), 아산정책연구원, 2023.10.29.

2 "From Tokyo to New York, Stock Markets Are on a Record-Hitting Spree Around the World", *Bloomberg*, 2024.5.18.

3 Laura Silver, Becka A. Alper, Scott Keeter, Jordan Lippert and Besheer Mohamed, "Majority in U.S. Say Israel Has Valid Reasons for Fighting; Fewer Say the Same About Hamas", Pew Research Center, 2024.3.21.

4 김기윤, "'초정통파도 징병 대상" 대법 판결에… 이스라엘 하레디 '反징집' 폭력 시위", 동아일보, 2024.7.2.

5 변이철, "'네타냐후 아들은 왜 미국에 있나?'… 이스라엘 시위 '격화'", 노컷뉴스, 2024.4.1.

6 가다 나세프, "미국 대학가 가자 지구 전쟁 반대 시위 확산…'인티파다'란?", *BBC뉴스코리아*, 2024.4.26.

Topic 1 · 미국의 제조업 위기와 돌아온 '트럼프 열풍'

1   Anne Case and Angus Deaton, "Rising morbidity and mortality in midlife among white non-Hispanic Americans in the 21st century," *PNAS*, November 2, 2015.

2   앤 케이스, 앵거스 디턴 지음, 이진원 옮김, 『절망의 죽음과 자본주의의 미래』, 한국경제신문, p.12.

3   국립과학수사연구원, 『마약류 감정 백서』, 국립과학수사연구원, 2023.

4   "America's ten-year-old fentanyl epidemic is still getting worse", *The Economist*, 2024.2.29.

5   김현덕, "바닥에 떨어진 지폐 줍지 마세요"…악마의 약물 '공포', 《한국경제》, 2022.6.16.

6   해나 로진 지음, 배현, 김수안 옮김, 『남자의 종말』, 민음인, 2012, pp.120-121.

7   Lyss Welding, "College Enrollment Statistics in the U.S.", *Best Colleges*, 2024.2.7.

8   Michael Greenstone and Adam Looney, "The Marriage Gap: The Impact of Economic and Technological Change on Marriage Rates", *Brookings Institute*, 2012.2.3.

9   "8 in 10 Americans Say Religion Is Losing Influence in Public Life", Pew Research Center, 2024.3.15.

10 "How scared is China of Donald Trump's return?", *The Economist*, 2024.2.20.

11 Lydia DePillis, "The U.S. Economy Is Surpassing Expectations. Immigration Is One Reason", *New York Times*, 2024.2.29.

12 "America's border crisis in ten charts", *The Economist*, 2024.1.24.

13 Melissa Kollar, "Income Inequality Down Due to Drops in Real Incomes at the Middle and Top, But Post-Tax Income Estimates Tell a Different Story", U.S. Census Bureau, 2023.9.12.

14 Alexandre Tanzi, "Another 'Great Retirement' Wave Hits the US

After Stocks Rally", *Bloomberg*, 2024.2.10.

Topic 2 • 부상하던 중국은 왜 혐오의 대상이 되었을까

1   Laura Silver, Christine Huang, Laura Clancy and Moira Fagan, Americans Are Critical of China's Global Role – as Well as Its Relationship With Russia, Pew Research Center, 2023.4.12.

2   박정호, "나토군, 유고 베오그라드 폭격 과정서 중국대사관 폭격", KBS, 1999.5.8.

3   윤영관, "너무 빨리 도광양회 버린 중국의 대가",《중앙일보》, 2023.2.4.

4   최현준, "시진핑사상·공동부유·중국몽…"2049년 초강대국 될 것"",《한겨레》, 2022.10.27.

5   JYP Entertainment, 쯔위 공식 사과/周子瑜公开致歉, 유튜브, 2016.1.15., https://youtu.be/t57URqSp5Ew?si=et87Q7p8bYoTA3SM

6   김인희,『중국 애국주의 홍위병, 분노 청년』, 푸른역사, 2021, p.77.

7   박병수, "중국 함정-필리핀 보급선, 남중국해서 또 '쾅'",《한겨레》, 2023.10.23.

8   기획재정부 대외경제국 통상조정과, "Beijing Consensus의 개념과 영향 분석", 기획재정부, 2009.4.13., https://eiec.kdi.re.kr/policy/call-Download.do?num=100734&filenum=1&dtime=20240628145347

9   임명묵,「중국의 연금술」,『거대한 코끼리, 중국의 진실』, 에이지21, 2018.

10 KIEP 북경사무소, "중국의 '일대일로' 추진 현황 및 평가와 전망", 대외경제정책연구원, 2017.5.12., https://www.kiep.go.kr/gallery.es?mid=a10102050000&bid=0006&act=view&list_no=4797&cg_code=

11 김지산, "일대일로 돈 떼일라… 中 '울며 겨자 먹기'로 파키스탄에 12조 지원",《머니투데이》, 2022.11.8.

12 박승찬, "일대일로 전략 10년의 변화",《한국무역신문》, 2023.11.3.

13 "Xi's Empty Dream City Shows Limits of His Power, Even in China", *Bloomberg*, 2024.1.10.

14 "Science and Technology Cluster Ranking 2023", WIPO, 2023, https://www.wipo.int/global_innovation_index/en/2023/science-technology-clusters.html

15 국제무역연구원 전략시장연구실, 신성장연구실, "중국 제조 2025 추진성 과와 시사점", 한국무역협회, 2019, https://me2.do/xcnbPkJk

16 문승관, "美 하원 "중국 화웨이·ZTE 장비 구매 말라"",《서울경제》, 2012.10.8.

17 이길성, "화웨이는 기술 절취범… 버그·매뉴얼 오타까지 베꼈다",《조선일 보》, 2019.5.27.

18 임명묵, 「시진핑이 걸어온 길」, 『거대한 코끼리, 중국의 진실』, 에이지21, 2018.

19 강효백, "새장을 비우고 새로운 새를 채워라",《아주경제》, 2018.1.25.

20 다론 아제몰루, 제임스 A. 로빈슨 지음, 장경덕 옮김, 『좁은 회랑』, 시공사, 2020, pp.54-55.

21 스콧 로젤, 내털리 헬 지음, 박민희 옮김, 『보이지 않는 중국』, 롤러코스터, 2022, p.21.

22 이준삼, "'처절한 몰락'으로 끝난 보시라이사건 전말",《연합뉴스》, 2013. 10.25.

23 서유진, "원로들 나라 위기 쓴소리… 시진핑, 내 탓이냐며 측근에 분노",《중앙일보》, 2023.9.6.

Topic 3 · 베이비부머 세대의 은퇴와 하강하는 중국 경제

1 "Why so many Chinese graduates cannot find work", The Economist, 2024.4.18.

2 Katharina Buchholz, "Are "Dragon Babies" Bumping up China's Birth Rate?", Statista, 2024.2.12.

3 다론 아제몰루, 제임스 A. 로빈슨 지음, 장경덕 옮김, 『좁은 회랑』, 시공사, 2020, pp.54-55.

4 Hongbin Li, Prashant Loyalka, Scott Rozelle and Binzhen Wu, "Human Capital and China's Future Growth", *Journal of Economic Perspectives* VOL. 31, NO. 1, WINTER 2017, pp.25-48.

5 최강식, 조윤애, "숙련 편향적 기술진보와 고용", KIET 이슈페이퍼, 2013.

6 박철현, '호구제도', "박철현의 현대 중국 도시 이야기", 2022.9.30., https://contents.premium.naver.com/urbanechina/knowledge/contents/220930145654741fi

7 왕리밍, "'중국 특색의 신형 도시화'의 길", CSF 중국전문가포럼, 2014.4.30., https://csf.kiep.go.kr/issueInfoView.es?article_id=7555&mid=a20200000000

8 스콧 로젤, 내털리 헬 지음, 박민희 옮김, 『보이지 않는 중국』, 롤러코스터, 2022, p.139.

9 김도경, 「1990년대 중국 주택제도 개혁과 도시 기득권의 확립-상하이시 사례를 중심으로」, 『역사비평』 2016년 가을호(116호), 2016.

10 Jinquan Gong, Gewei Wang, Yafeng Wang and Yaohui Zhao, "Consumption and poverty of older Chinese: 2011-2020", *The Journal of the Economics of Ageing*, Volume 23, October 2022.

11 김은화, 「중국 연기금의 운용 현황 및 전망」, 『자본시장 포커스』(2019-24호), 자본시장연구원, 2019.

12 "China's low-fertility trap", *The Economist*, 2024.3.21.

13 Matthias Doepke, Anne Hannusch, Fabian Kindermann and Michèle Tertilt, "The Economics of Fertility: A New Era", *IZA DP* No. 15224, 2022.

14 류영욱, "자식에 폭탄 떠넘긴 어른들… 2015년생은 월급의 35% 연금 낼 판", 《매일경제》 2024.4.22.

Topic 4 · 세계 경제를 뒤흔든 러시아의 우크라이나 침공

1 이용권, 한혜진, 「크림반도 러시아 귀속에 따른 국제 정치·경제적 변화 가

능성」,『세계 에너지시장』(제14-13호), 에너지경제연구원, 2014.4.11.

2   이수형, "러시아-우크라이나 전쟁의 근원: 나토의 이중 확대에 따른 러시
     아의 반발", 국가안보전략연구원, 2022.5.18., https://www.inss.re.kr/
     publication/bbs/js_view.do?nttId=410404

3   Eric Nagourney, Dan Bilefsky and Richard Pérez-Peña, "A Year of
     War in Ukraine: The Roots of the Crisis", *The New York Times*,
     2023.2.27.

4   "Defence Expenditures of NATO Countries (2014-2023)", NATO,
     2023.7.7., https://www.nato.int/cps/en/natohq/news_216897.htm

5   존 캠프너 지음, 박세연 옮김,『독일은 왜 잘하는가』, 열린책들, 2022,
     p.232.

6   김홍범, "'3전3승' 그가 또 국경 넘었다… 전쟁만 하면 지지율 뛰는 푸틴",
     《중앙일보》, 2022.2.23.

7   "Russia's population nightmare is going to get even worse", The
     Economist, 2023.3.4.

8   "Estimated cumulative excess deaths per 100,000 people during
     COVID-19, Jan 27, 2024", Our World in Data, 2024.1.27., https://
     ourworldindata.org/grapher/excess-deaths-cumulative-per-
     100k-economist

9   임명묵,『러시아는 무엇이 되려 하는가』, 프시케의숲, 2023, p.83.

10   임명묵,『러시아는 무엇이 되려 하는가』, 프시케의숲, 2023, p.97.

11   데이비드 라비손, 대런 아세모글루, 존 리스트 지음, 손광락 외 옮김,『경제
     학원론』, 시그마프레스, 2019, 22장.

12   김지원, 류재민, "AI가 작전 지휘, 드론이 공격… 우크라전이 보여준 첨단
     전쟁",《조선일보》, 2024.2.18.

13   "Russia's economy can withstand a long war, but not a more
     intense one", *The Economist*, 2023.4.23.

14   "How much is Russia spending on its invasion of Ukraine?", *The
     Economist*, 2023.5.30.

15   Nariman Gizitdinov and Helena Bedwell, "More Russians Flee

Than Join Putin's Army After War Call-Up", *Bloomberg*, 2022.10.4.

16   "The world's most, and least, democratic countries in 2022", *The Economist*, 2023.2.1.

Topic 5 • 무적 독일은 어쩌다 '유럽의 병자'가 되었을까

1   Wilfried Eckl-Dorna, Jana Randow, Carolynn Look and Petra Sorge, "Germany's Days as an Industrial Superpower Are Coming to an End", *Bloomberg*, 2024.2.10.

2   "World Economic Outlook", IMF, 2024.1., https://www.imf.org/en/Publications/WEO

3   "Why Nord Stream 2 is the world's most controversial energy project", *The Economist*, 2021.7.15.

4   "Who blew up the Nord Stream pipelines?", *The Economist*, 20123.3.8.

5   "Why Germans remain so jittery about nuclear power", *The Economist*, 2022.1.8.

6   "Europe can't decide how to unplug from China", *The Economist*, 2023.5.15.

7   존 캠프너 지음, 박세연 옮김, 『독일은 왜 잘하는가』, 열린책들, 2022, p.375.

8   "What if Germany stopped making cars?", *The Economist*, 2023.7.31.

9   Dana Hull, "Tesla Falls Behind China's BYD in Quarterly EV Sales as Growth Slows", *Bloomberg*, 2024.1.2.

10   "Western firms are quaking as China's electric-car industry speeds up", *The Economist*, 2024.1.11.

11   Stefan Nicola, "Why Europe Is Pushing Back Against Chinese EV Blitz", *Bloomberg*, 2023.9.13.

12 "A mounting crisis of confidence confronts Olaf Scholz", *The Economist*, 2024.2.4.

13 이용성, "獨 유력 차기 총리 후보, 140명 목숨 앗아간 홍수 현장서 웃고 떠들다 '망신'",《조선비즈》, 2021.7.19.

14 존 캠프너 지음, 박세연 옮김,『독일은 왜 잘하는가』, 열린책들, 2022, p.168.

15 "A generation after Germany reunited, deep divisions remain", *The Economist*, 2023.5.11.

16 "The head of the hard-right Alternative for Germany is riding high", *The Economist*, 2023.12.19.

17 "PISA 2022 results", OECD, 2023.

18 Eric Hanushek, "Why the knowledge capital of countries is key to economic growth", *World Economic Forum*, 2016.2.2.

19 존 캠프너 지음, 박세연 옮김,『독일은 왜 잘하는가』, 열린책들, 2022, p.368.

20 "A generation after Germany reunited, deep divisions remain", *The Economist*, 2023.5.11.

21 통계청 사회통계국 복지통계과, "2023년 초중고사교육비조사 결과", 통계청, 2024.3.24., https://www.kostat.go.kr/board.es?mid=a1030101000 0&bid=245&act=view&list_no=429923

22 감사원, "지방교육재정교부금 제도 운영실태", 감사원, 2023.7., https:// www.bai.go.kr/bai/result/branch/detail?srno=2948

Topic 6 · 영국의 EU 탈퇴와 흩어지는 세계

1 KDI, "브렉시트, 그 후 영국은?", KDI 경제정보센터, 2022.12.

2 Britannica, "United Kingdom Independence Party", Britannica, https://www.britannica.com/topic/United-Kingdom-Independence-Party

3   Georgia Graham, "Children are being abused an hour after being groomed online, Rotherham sex abuse scandal expert warns", *The Telegraph*, 2014.10.13.

4   Joseph Curtis, "Labour MP and key Corbyn ally shares Twitter message telling Rotherham sex abuse victims to 'shut their mouths for the good of diversity' - just days after attacking a fellow party member for speaking out over the issue", *Daily Mail*, 2017.8.22.

5   Jon Kelly, "Brexit: How much of a generation gap is there?", *BBC*, 2016.6.24.

6   Matt de Prez, "Chinese car brands set to take the UK fleet market by storm", *FleetNews*, 2023.10.30.

7   "Largest tech companies by market cap", CompasiesMarketcap, 2024.5.29., https://companiesmarketcap.com/tech/largest-tech-companies-by-market-cap

8   Irina Anghel, "UK Exports Fewer Goods After Brexit, Tilting Economy to Services", *Bloomberg*, 2024.4.23.

9   Neil Gerstein, Bart Hobijn, Fernanda Nechio, and Adam Shapiro, "The Brexit Price Spike", *San Francisco Fed*, 2019.8.5.

10   "A new wave of mass migration has begun", *The Economist*, 2023.5.28.

11   "The impact of Brexit, in charts", *The Economist*, 2023.1.3.

12   변수정, 황남희, 「저출산·고령사회 기본계획의 주요 내용과 향후 과제」, 『보건복지포럼』, 한국보건사회연구원, 2018.4.

Topic 7 • 부활하는 일본과 아베노믹스 재평가

1   이동우, 「일본의 국토 과잉 개발과 잃어버린 10년」, 『국토』(통권357호), 국토연구원, 2011.

2   장문준, 강민창, "2000년 일본 부동산이 2024년 우리에게 알려주는 것",
     KB증권, 2024.4.24., https://rcv.kbsec.com/streamdocs/pdfview?i
     d=B520190322125512762443&url=aHR0cDovL3JkYXRhLmtic2VjL
     mNvbS9wZGZfZGF0YS8yMDI0MDQxMjEwNDYxODA2MEsucG
     Rm#

3   정성춘, "일본경제 구조개혁정책의 평가와 시사점", 대외경제정책연구원,
     2006.12.12., https://www.kiep.go.kr/gallery.es?mid=a10102020000
     &bid=0003&act=view&list_no=2985&cg_code=

4   Hiroshi Ugai, "Effects of the Quantitative Easing Policy: A Survey
     of Empirical Analyses", *Bank Of Japan*, 2006.

5   Haruhiko Kuroda, "The introduction of QQE: Haruhiko Kuroda
     (23)", *Nikkei Asia*, 2024.1.31.

6   John Authers, "What Happens When the BOJ Kicks the Football",
     Bloomberg, 2024.3.18.

7   Lisa Kim and Wataru Suzuki, "Japan stocks could grow more
     volatile with end of BOJ ETF purchases", *Nikkei Asia*, 2024.3.25.

8   "Japan regulator worries about falling mortgage rates", *Nikkei
     Asia*, 2015.2.3.

9   얀베 유키오 지음, 홍채훈 옮김, 『일본 경제 30년사』, 에이지21, 2020.

10   山口和輝, "東京23区の新築マンション価格, 初の1億円超 23年平均", *日本
     経済新聞*, 2024.1.25.《日本経済新聞》

11   한국은행 동경사무소, "일본 인구의 도쿄집중 현황 및 평가", 한국은행,
     2024.3.27.

12   "地方の預金60兆円, 地域金融に相続の試練", *日本経済新聞*, 2024.4.13.

13   Kiu Sugano and Satsuki Kaneko, "Japan's abandoned homes
     increase 80% in 20 years", *Nikkei Asia*, 2024.5.1.

14   Miho Inada, "The Exodus of China's Wealthy to Japan", *WSJ*,
     2024.5.2.

Topic 8 • 떠오르는 인도, 중국을 대체할 수 있을까

1   "Global firms are eyeing Asian alternatives to Chinese manufacturing", *The Economist*, 2023.2.20.

2   유녕, 「중국의 최근 최저임금 인상과 그 영향」, 『국제사회보장리뷰』 (2018 겨울호 Vol. 7), 2018, pp.126-132.

3   Sankalp Phartiyal and Dan Strumpf, "Modi Bets His Legacy on $534 Billion Infrastructure Boom in India", *Bloomberg*, 2024.5.27.

4   Sudhi Ranjan Sen, Dan Strumpf and Swati Gupta, "Billionaire-Friendly Modi Humbled by Indians Who Make $4 a Day", *Bloomberg*, 2024.6.6.

5   레하 칸사라, "힌두 민족주의는 어떻게 인도 정계를 장악하게 됐나", 《BBC 뉴스코리아》, 2024.5.10.

6   "To see India's future, go south", *The Economist*, 2024.2.29.

Topic 9 • 이스라엘은 왜 전쟁을 멈추지 못할까

1   최용환, 「시오니즘과 분쟁」, 『오늘의 이스라엘』, 세종, 2023.

2   "라빈 전 이스라엘 총리 암살범 가족 웹사이트 개설", 《한겨레》, 2005.6.9.

3   이종태, "자유주의 시오니즘은 부활할 것인가", 《시사인》, 2024.1.3.

4   "A short history of the Arab-Israeli conflict", *The Economist*, 2023.10.18.

5   "In Israel, birth rates are converging between Jews and Muslims", *The Economist*, 2022.8.18.

6   최용환, 「디아스포라와 이민」, 『오늘의 이스라엘』, 세종, 2023.

7   "As Israel turns 75, its biggest threats now come from within", *The Economist*, 2023.4.27.

8   "The power of the ultra-Orthodox", *The Economist*, 2012.7.21.

9   "Israel's great divide", *The Economist*, 1999.10.7.

10   Toi Staff and Jacob Magid, "Ben Gvir calls to bar 'Palestinian Authority residents' from Temple Mount on Ramadan", *The Times of Israel*, 2024.2.18.

11   최홍섭, "예루살렘의 성전산은 왜 최고의 분쟁 지역이 됐나", 《주간조선》, 2021.5.23.

12   박병수, "'팔레스타인 사람 같은 건 없다'고? 이스라엘 '막말 장관' 또 막말", 《한겨레》, 2023.3.21.

13   윤주헌, "美 컬럼비아대 시위대 건물 점거, 대학 "퇴학시킨다"", 《조선일보》, 2024.5.1.

14   사회통계국 인구추계팀, "2022년 기준 장래인구추계를 반영한 내·외국인 인구추계: 2022~2042년", 통계청, 2024.4.11., https://www.kostat.go.kr/board.es?mid=a10301010000&bid=207&act=view&list_no=430383

Topic 10 · 인플레에 빠진 브라질과 아르헨티나의 경제 실험

1   박성진, 선은정, 「금융시장 안정화를 위한 토빈세의 도입방안에 관한 연구」, 『세무와 회계저널』 (vol. 12, no.4), 2011, pp.173~205.

2   "After 100 brutal days, Javier Milei has markets believing", *The Economist*, 2024.3.19.

3   Ignacio Olivera Doll, "Javier Milei Fuels Wild Rally That Makes Peso No. 1 in World", *Bloomberg*, 2024.4.25.

4   Patrick Gillespie, "Milei's Economic Overhaul Faces These Four Hurdles", *Bloomberg*, 2024.4.4.

5   황예랑, "봉사 파밀리아! 룰라 강력한 재분배정책", 《한겨레》, 2008.11.2.

6   이상민, 『경제 뉴스가 그렇게 어렵습니까?』, 빨간소금, 2022, pp.135-136.

7   이상민, "국가채무 관련 기사가 뻔한 이유", 《미디어오늘》, 2020.11.7.

Topic 11 • 고령화로 세계 노동시장의 구조 변화가 시작되다

1 "Welcome to a golden age for workers", *The Economist*, 2023.
11.28.

2 "Generation Z is unprecedentedly rich", *The Economist*, 2024.4.16.

3 "Generation Z is unprecedentedly rich", *The Economist*, 2024.4.16.

4 안태호, "'자동차 부품 중국 의존도 심화… 반도체 대란 2~3년 더 간다'",
《한겨레》, 2022.6.14.

5 Brendan Murray, "'Just Get Me a Box': Inside the Brutal Realities
of Supply Chain Hell", *Bloomberg*, 2021.9.16.

6 황규락, 유지한, "美, 인텔에 27조원 보조금 등 파격 지원", 《조선일보》,
2024.3.21.

7 Brooke Sutherland, "A 'Bidenomics' Factory Boost, But Maybe
Not in Reshoring", *Bloomberg*, 2023.7.1.

8 "TSMC is having more luck building in Japan than in America",
The Economist, 2024.2.24.

9 엔리코 모레티 지음, 송철복 옮김, 『직업의 지리학』, 김영사, 2014, p.97.

10 엔리코 모레티 지음, 송철복 옮김, 『직업의 지리학』, 김영사, 2014, p.153.

11 통계개발원 경제사회통계연구실, "통계적 지역분류체계로 본 도시화 현
황", 통계청, 2024.2.26.

12 김진범, 「인구감소에 대응한 일본의 입지적정화계획 운용실태와 시사점」,
『국토정책Brief』(제964호), 국토연구원, 2024.5.7.

13 "How scared is China of Donald Trump's return?", *The Economist*,
2024.2.20.

14 박혜진, 안주은, "최근 해외직접투자 증가 배경 및 외환부문에 미치는 영
향", 한국은행, 2023.6.7.

Topic 12 · 대한민국 노동시장은 어떻게 달라지고 있나

1   이윤재, "9급 공무원 경쟁률 맞아?… 32년만에 최저치, '인기없는 일자리' 왜", 《매일경제》, 2024.1.25.

2   기획재정부, "지난해 취업자 수 32만 7000명 증가…고용률 '역대 최고'", 《대한민국 정책브리핑》, 2024.1.10.

3   통계청 사회통계국, "장래인구추계: 2022~2072년", 통계청, 2023.12.13., https://www.kostat.go.kr/boardDownload.es?bid=207&list_no=428476&seq=6

4   클레이튼 크리스텐슨 지음, 노부호 외 옮김, 『성공기업의 딜레마』, 모색, 1999, pp.64-65.

5   박성수, "美 전기차 생산 반대하는 현대차 노조, 국내 투자계획에도 '시큰 등'… 왜?", 《시사저널》, 2022.5.18.

6   최우리, "현대차, 울산 전기차 공장 기공식…"50년 전동화 시대 시작"", 《한 겨레》, 2023.11.13.

7   통계데이터허브국 행정통계과, "2022년 임금근로일자리 소득(보수) 결과", 통계청, 2024.2.27., https://www.kostat.go.kr/boardDownload.es?bid=11113&list_no=429599&seq=3

8   이정용, 홍석재, "부도 신분도 대물림 '갇힌 세대'… 90년대생 분노 안 할 수 있나", 《한겨레》, 2021.6.12.

9   산업연구원, "미래전략산업 브리프(제35호)", 산업연구원, 2024.2.29., https://www.kiet.re.kr/trends/futbriefList?futbrief_no=36

Topic 13 · 한국의 식량 상황과 인플레이션의 딜레마

1   김민지, "국내 식량자급률 현황", 《연합뉴스》, 2022.12.22.

2   김상준, "들불처럼 번지는 농민시위에 EU, 우크라 농산물 수입제한", 《매 일경제》, 2024.2.1.

3   David Fickling, "It's Time to Get Biofuels Out of Your Gas Tank",

Bloomberg, 2022.6.10.

4   후루타치 고스케 지음, 마미영 옮김, 『에너지가 바꾼 세상』, 에이지21,
     2022, pp.156-157.

5   "USDA Has Provided $700 Million to Restore Sustainable Fuel
     Markets Hit by Pandemic", USDA, 2022.6.3.

6   사회통계국 농어업통계과, "2023년 농림어업조사 결과", 통계청,
     2024.4.18., https://eiec.kdi.re.kr/policy/callDownload.do?num=250
     462&filenum=1&dtime=20240628145157

7   사회통계국 농어업통계과, "2023년 쌀 생산량 조사 결과", 통계청,
     2023.11.14., https://eiec.kdi.re.kr/policy/callDownload.do?num=24
     4662&filenum=1&dtime=20240628145302

8   윤희열, "'가장 따뜻했던 3월' 사과·배 꽃 일찍 피면서 '냉해' 우려 최고조",
     《경향신문》, 2023.4.10.

9   Dan Collyns, "How Peru's potato museum could stave off world
     food crisis", *The Guardian*, 2019.11.29.

10   래리 주커먼 지음, 박영준 옮김, 『악마가 준 선물, 감자 이야기』, 지호,
     2000, p.256.

11   윤희훈, "사과 수입 검역 논의만 수십 년째… '일시 수입도 불가'", 《이코노
     미 조선》, 2024.4.1.

Topic 14 • 저개발국의 구원투수가 될 인공지능의 경제학

1   "A short history of tractors in English", *The Economist*, 2023.12.20.

2   Paul Krugman, "A.I. May Change Everything, but Probably Not
     Too Quickly", *New York Times*, 2023.3.31.

3   Endale Kebede, Anne Goujon, and Wolfgang Lutz, "Stalls in Africa's
     fertility decline partly result from disruptions in female education",
     PNAS 116(8), 2019, pp.2891-2896.

4   스콧 로젤, 내털리 헬 지음, 박민희 옮김, 『보이지 않는 중국』, 롤러코스터,

5   삼성전자, "삼성전자, 올해 1억 대 모바일 기기에 '갤럭시 AI' 탑재",《삼성
    전자 뉴스룸》, 2024.1.18.

6   Nana Nanitashvili, "Infant Mortality and Fertility", *Population
    Horizons Factsheet No.5*, Oxford Institute of Population Aging, 2014.

7   "Could AI transform life in developing countries?", *The Economist*,
    2024.1.25.

8   Luis R. Martínez, "How Much Should We Trust the Dictator's GDP
    Growth Estimates", *Becker Friedman Institute Working Paper*
    No. 2021-78, 2021.

9   김상권, 「인공위성에서 본 북한 소득」, 『시장경제 연구』(2017년 6월호), 서강
    대학교 지암남덕우경제연구원, 2017.

10 "A study of lights at night suggests dictators lie about economic
    growth", *The Economist*, 2022.9.29.

11 Neal Jean, Marshall Burke, Michael Xie, W. Matthew Davis, David
    B. Lobell and Stefano Ermon, "Combining satellite imagery and
    machine learning to predict poverty", *American Association for
    the Advancement of Science*, 2016, pp.790-794.

12 "How to worry wisely about artificial intelligence", *The Economist*,
    2023.4.20.

13 정혜진, "中 인터넷 검열·기술통제에⋯ 'AI서비스, 사실상 정부 허가제'",
    《서울경제》, 2023.7.25.

이미지 출처

44 연합뉴스, 79 연합뉴스(아래), 177 연합뉴스, 263 NASA

※ 크레딧 표시가 없는 이미지는 셔터스톡 제공 사진입니다.

홍춘욱의
최소한의 경제 토픽

초판 1쇄 발행 2024년 7월 19일
초판 5쇄 발행 2024년 9월 2일

지은이 홍춘욱

발행인 이봉주 **단행본사업본부장** 신동해
편집장 김예원 **책임편집** 강혜지
표지 디자인 장마 **본문 디자인** 홍경숙 **교정** 김하늬
마케팅 최혜진 이인국 **홍보** 허지호 **제작** 정석훈

브랜드 리더스북
주소 경기도 파주시 회동길 20
문의전화 031-956-7351(편집) 031-956-7089(마케팅)
홈페이지 www.wjbooks.co.kr
인스타그램 www.instagram.com/woongjin_readers
페이스북 www.facebook.com/woongjinreaders
블로그 blog.naver.com/wj_booking

발행처 ㈜웅진씽크빅
출판신고 1980년 3월 29일 제406-2007-000046호

ⓒ 홍춘욱, 2024
ISBN 978-89-01-28517-7 03320